民國滬上初版書·復制版

近代世界政治史

钱亦石 著

上海三联书店

图书在版编目(CIP)数据

近代世界政治史 / 钱亦石著. ——上海:上海三联书店,2014.3
(民国沪上初版书·复制版)
ISBN 978-7-5426-4604-0
Ⅰ.①近… Ⅱ.①钱… Ⅲ.①政治制度史—世界—近代 Ⅳ.①D59
中国版本图书馆 CIP 数据核字(2014)第 033715 号

近代世界政治史

著　　者 / 钱亦石
责任编辑 / 陈启甸 王倩怡
封面设计 / 清风
策　　划 / 赵炬
执　　行 / 取映文化
加工整理 / 嘎拉 江岩 牵牛 莉娜
监　　制 / 吴昊
责任校对 / 笑然

出版发行 / 上海三联书店
(201199)中国上海市闵行区都市路 4855 号 2 座 10 楼
网　　址 / http://www.sjpc1932.com
邮购电话 / 021-24175971
印刷装订 / 常熟市人民印刷厂

版　　次 / 2014 年 3 月第 1 版
印　　次 / 2014 年 3 月第 1 次印刷
开　　本 / 650×900　1/16
字　　数 / 304 千字
印　　张 / 25.5
书　　号 / ISBN 978-7-5426-4604-0/D·250
定　　价 / 120.00 元

民国沪上初版书·复制版

出版人的话

如今的沪上，也只有上海三联书店还会使人联想起民国时期的沪上出版。因为那时活跃在沪上的新知书店、生活书店和读书出版社，以至后来结合成为的三联书店，始终是中国进步出版的代表。我们有责任将那时沪上的出版做些梳理，使曾经推动和影响了那个时代中国文化的书籍拂尘再现。出版“民国沪上初版书·复制版”，便是其中的实践。

民国的“初版书”或称“初版本”，体现了民国时期中国新文化的兴起与前行的创作倾向，表现了出版者选题的与时俱进。

民国的某一时段出现了春秋战国以后的又一次百家争鸣的盛况，这使得社会的各种思想、思潮、主义、主张、学科、学术等等得以充分地著书立说并传播。那时的许多初版书是中国现代学科和学术的开山之作，乃至今天仍是中国学科和学术发展的基本命题。重温那一时期的初版书，对应现时相关的研究与探讨，真是会有许多联想和启示。再现初版书的意义在于温故而知新。

初版之后的重版、再版、修订版等等，尽管会使作品的内容及形式趋于完善，但却不是原创的初始形态，再受到社会变动施加的某些影响，多少会有别于最初的表达。这也是选定初版书的原因。

民国版的图书大多为纸皮书，精装（洋装）书不多，而且初版的印量不大，一般在两三千册之间，加之那时印制技术和纸张条件的局限，几十年过来，得以留存下来的有不少成为了善本甚或孤本，能保存完好无损的就更稀缺了。因而在编制这套书时，只能依据辗转找到的初版书复制，尽可能保持初版时的面貌。对于原书的破损和字迹不清之处，尽可能加以技术修复，使之达到不影响阅读的效果。还需说明的是，复制出版的效果，必然会受所用底本的情形所限，不易达到现今书籍制作的某些水准。

民国时期初版的各种图书大约十余万种，并且以沪上最为集中。文化的创作与出版是一个不断筛选、淘汰、积累的过程，我们将尽力使那时初版的精品佳作得以重现。

我们将严格依照《著作权法》的规则，妥善处理出版的相关事务。

感谢上海图书馆和版本收藏者提供了珍贵的版本文献，使“民国沪上初版书·复制版”得以与公众见面。

相信民国初版书的复制出版，不仅可以满足社会阅读与研究的需要，还可以使民国初版书的内容与形态得以更持久地留存。

2014 年 1 月 1 日

近代世界政治史

錢亦石著

中華民國三十五年二月初版

目次

第四章　拿破崙與法蘭西帝國

第五章 維也納會議與歐洲形勢

第六章　歐洲各國一八四八年的革命

第七章　俄國農奴解放與美國南北戰事

第九章　日本明治維新運動

第十章　帝國主義時代

第十一章　俄羅斯一九〇五年的革命與立憲運動

第一章　英國工業革命

第一節　工業革命前的英國社會經濟

近代史的界碑

歷史本具有整個性，自有文字紀載起，不，從先史時期（Pre-historic Period）起，一直到遼遠的未來止，都是一貫連續的過程，似乎不可任意分割。我們要講世界史，彷彿有「不知從何處說起」之概。可是，我們所講的是世界政治史，政治是人類社會發展到某種階段之產物，卽是說，社會內部起了分化以後，人與人相互之間成了對立的形態，才有政治制度出現。這樣說來，政治史在整個歷史一貫連續的過程中，就不知縮短了若干萬年。其次，我們所講的是近代世界政治史，所謂「近代」，也無一致的解釋。羅馬法學家曾有

「我們的近代」（These modern times of ours）之語。但一般人所稱的近代，大抵指最近二三百年而言，意謂從十六世紀以來的人類思想生活，與中古異，與現在相同耳。近代史的發端，歷史學者各有不同的意見。有的主張從英國一六八八年的光榮革命開始，有的主張從法國一七八九年的大革命開始，也有的主張從英國工業革命（Industrial revolution）時期開始。我以爲一切歷史事變，都有經濟的原因，換言之，即物質生產力（Material power of production）是歷史的車輪之發動器。因此，我同意最後一種說法，把英國工業革命看成近代史的第一幕。有了英國工業革命，似乎是「春雷一震，萬物昭蘇」，全世界都改變顏色。簡直可以說，英國工業革命以前是一個世界，英國工業革命以後又是一個世界。英國工業革命無異近代史的界碑（Landmark）。所以，我們講近代世界政治史應該從英國工業革命起。這並非把英國工業革命以前的歷史一筆抹煞，不過如海士（Hayes）與蒙恩（Moon）所說：『我們重視新近流入「文明之河」（River of civil ization）的新川，更甚于「文明之河」的本源」吧！

工業革命與資本主義

近代資本主義社會，是從十八世紀下半期英國工業革命後纔形成的。十八世紀中葉，就英國經濟發展上說，是一個比較先進的國家，大不列顛（Great Britain）殖民地的擴張，不但使她掌握海上的霸權，並且一躍而爲歐洲的强國。商業的發展，市場的廣大，即是產生資本蓄積的先決條件。市場上商品的需要日增，宗主國原有的生產制度不能滿足這種要求；因此，不得不發生生產方法及生產制度的革命，將小企業聯合而成大企業是一種必然的趨勢。這種革命即是宣布英國已經走上資本主義工業發展的康莊大道。資本主義生產須具備三種因素：即資本（Capital），原料（Raw material），與勞動力（Labour Power）。 在事實上，英國工業革命恰恰造成了資本主義向前發展的一切必要條件。所以，英國是工業革命的祖國，同時又是資本主義的前驅。

農業形態

十八世紀之初，英國的大部分人口還是從事農業，其東南部土地肥沃，人口尤爲密集。當時農業的生產物大抵是供農村消費的，並不送到市場上去。土地屬于領主、地主與自由農民；農民之中比較富裕者稱爲自耕農(Yeoman)，其土地甚少者或無土地則耕種領主或地主的土地而負擔種種的義務。農村到處保持舊農業形態，三田制(Three fields system)盛行（每年有一塊土地不種，其他二塊土地則分種大小麥）。地主與農民必須加入農村公社。地主的土地不是連續的，而是細分的，通常介在于農民土地之間。因爲土地是犬牙交錯的緣故，所以，經營農業者不可不用相同的方法去耕種，且又不可不在一定期間內從事工作。收穫終了，各人所有地之間的境界撤去，改爲公共牧場。所謂「開放的田野」(Open field)可供一切所有者使用，草地與森林，都是公社共有的。

工業形態

集中于都市以從事工商業的人口並不多；在十七世紀之末，利物浦(Liverpool) 北明翰 (Birmingham)，設斐爾德 (Sheffield)，人口都不過四千，曼徹斯特（Manchester）人口亦止六千。當時的手工業已有組織於倘無强大勢力的行會（Guild）之內者。政府與行會製定規約，凡製品的數目，材料的色彩與尺寸，勞動者的人數，師傅（Master），職工（Journey）及徒弟（Apprentice）的關係，都有明白規定。跟着貨幣經濟的發展，缺乏統制的生產與交換遂起於行會之中。行會外的企業也開始發生了。在農村裏，家庭工業又發達起來。當機械出現之前，成爲工業中心的農村，散佈到全國。一部分家庭工業是製造金屬器具的（如設斐爾德與北明翰地方），但大部分則紡呢絨線與製毛織物。

行莊商人

在初期，從事家庭工業者出賣自己的製品，多半親往市場。以後，因爲沒有時間爲自己的製品推廣銷路，於是家庭工業者不得不委托「行莊」（Firm）代其販賣，似乎爲行莊而勞動了。當時獨樹一幟的行莊，持有相當資本，收買貨物亦屬輕而易舉之事；再把這些貨物運到較遠的市場上去，以高價轉賣，又可以大賺其錢。可是，行莊商人占便宜的地方並不止此。他們常利用家庭工業者的困難，取得生產工具爲抵押品，貸以現金與原料。這樣一來，家庭工業者漸漸屈伏於行莊之下，而行莊商人就漸漸變成企業家了。這些新起的企業家，任意定報酬之額，使家庭工業者爲工作上的便利計，實行專門化，這簡直是從貨物的販賣者變爲生產的組織者。同時，行莊又利用自己的地位，對家庭工業者行高度的搾取，於是大資本便蓄積起來。

工場手工業

當十八世紀時，行莊商人在生產上漸漸起了大的作用，他們把原料與生產工具收歸掌握之中指揮從屬於自己的生產者，儼然成爲大工業企業的主人。然而，企業的各部分，分散於各家庭工業者的家內，呼應不靈，亦非行莊的利益。因此，行莊商人便把以前從事家庭勞動的生產者集合於一個工場之內，這卽是工場手工業（Manufacture）。與家庭工業制度比起來，工場手工業有許多優越性，可以施行技術的分工，可以監督勞動者的工作，於是勞動生產力就有顯著的提高了。不過，這種勞動生產力的提高，固然表現歷史的進步，但在向資本主義發展的過程中，却不是勞動者的利益而是企業家的利益；換言之，即勞動生產力的提高，只是生產相對剩餘價值（Relative Surplus Value）的一種特別方法而已，只是增進資本蓄積的一種特別方法而已。

工業革命時代著名的英國經濟學者亞丹斯密（Adam Smith）曾描寫過製針的工場手工業之情形，證明該業勞動過程之速與其生產力之大，遠非家庭手工業可比，一個工場內集合許多家庭工業勞動者，各人在一定的生產階段中，分擔一種工作。計抽鐵線者一人，直者一人，截者一人，銼鋒者一人，鑽鼻者又一人。但要鑽鼻，也須有二三種不同的工作。銼之使利，擦之使白，乃至以針刺於紙上，納於匣中，皆須一人分任。綜合全部工作，可分成十八種。有些工場，把十八種工作，由十八個特殊職工擔任，也有一人兼任二三門的。某小工場，祇僱用十個勞動者一日能成針十二磅，每磅以四千枚計算，共有四萬八千枚，卽一人一日成針四千八百枚。如果他們各自獨立工作，不論是誰，要想一日製造二十針也不易辦到。有人說，「工場手工業的分工是資本主義生產方法一種完全特別的創造物」，這句話，是有根據的。

工場手工業的發達，把大批商品送往市場，不獨促進了都市與農村的商業關係，並且使國內市場容納不下的商品，不斷的向國外輸出。這即是十八世紀英國國外貿易蒸蒸日上的基礎，這即是英國大資本繼續蓄積的基礎。

國外貿易與資本蓄積

一般說來，在原始蓄積時代，對殖民地的掠奪，是歐洲資本主義發達的主要源泉。美洲的探獲與好望角（Cape of Good Hope）的開航，擴大國外貿易的領域。貪得無厭的商人乘機而起，向無防禦的落後民族肆行刼掠。從事製造的實業家也組織半強盜式的遠征隊，追逐到天涯海角，使全世界變成他們的市場。「美洲金銀產地的發見，土著人口的剿滅，奴隸化，與埋沒於礦山中，東印度的征服與掠奪的開始，非洲變成販賣黑奴的商業狩獵場——這些事實表現資本主義時代的曙光。這種樸素的進程，即是原始蓄積的主要原因哩。」

爲殖民地貿易之故，英國商人會組織「旅行商人」公司。到十六世紀及十七世紀，從政府方面得到商業獨占之特許的貿易公司（Company）也有了。鼎鼎大名的東印度公司（The East India Company）即其一例。這些公司擁有龐大的資本，到處分設支店，有總督及經理負責，掠奪土人與販賣黑奴乃成爲主要的事業。一年之內，黑奴輸入額達三十萬人，這是一筆很賺錢的生意。所以說：『機械、信用與奴隸，同是資產階級工業的基礎。沒有奴隸就沒有棉花，沒有棉花就沒有近代工業。奴隸對於近代殖民地給以某種意義，殖民地引起世界貿易，世界貿易又是大工業必須的前提。』

因爲奴隸貿易，利物浦與波斯頓（Boston）便繁榮起來。這些都市輸出金屬製品到非洲西部交換黑奴。把黑奴從非洲送到巴西與西印度羣島田園中去。再把用黑奴換來的商品轉運到英國。黑奴則在栽培棉花，五穀，煙草，咖啡，砂糖的田園中勞動。

殖民地貿易，可以大發其財。利潤達到五倍或五倍以上，商人們在歐洲市場出賣殖民地的商品，又把歐洲的商品販往國外。商人對於落後民族的土人是暴力與欺騙並用的，常以小兒玩具與陳貨與土人交換寶石。十八世紀初葉，販賣殖民地的商品有獲二十倍之利潤者。殖民地眞像溫室一樣，使剛剛萌芽的工場手工業在短速期間蓬蓬勃勃的興盛起來，爲大工業創造了必要的條件。

第二節　農業革命

牧畜業壓倒農民業

在歐洲，特別是尼德蘭（Nederland），毛織業非常發達，使英國品質優良的羊毛成爲可以「居奇」的貨物。羊的價格高漲數倍。因此，土地所有者便把耕地改爲牧場。從前犬牙交錯的境界自然撤廢了。大地主從土地上把農民「掃清」，牧畜業盛行，農民走上死滅之路。哈利孫（Harrison）在他的「英國記」(Description of England) 中曾描寫當時驅逐農民情形，自耕農的住宅以及勞動者的小屋，不是被人破壞，就是聽其腐朽。他說：「若將每個諸侯采地的舊記錄比較一下，便看見無數房屋與小農場已經消滅了，現在土地上所養的人民更少了。至於城市，雖有些新的勃興起來，然而許多舊的都毀滅了。……許多村舍都被破壞，作爲牧羊場，其中所存者只有領主的房屋，我可以說出些來』。這位舊史家所記的事，恰是當時生產關係變革的寫眞。怪不得莫爾（Thomas More）於其所著的「烏托邦」（Utopia）中說，在這個特別國度裏，羊是吃人的。

土地圈劃

從十五世紀已經開始的土地圈劃（Enclosure），對於利用公開牧場制度的農民，予以大的打擊。到「光榮革命」（一六八八年）以後，英國國會爲地主所操縱，所以，國會議員站在地主的利益上也願意通過「土地圈劃法令」（Enclosure Act）。這樣一來，刼奪土地更有了法律上的根據。自一七〇〇年到一七六〇年之間，計通過前項法令二百零八起，圈劃土地達到八十一萬二千約克（Yoke—英國面積單位約合〇・四〇四六Hectare）之廣。自一七六〇年到一八〇一年之間，又頒布前項法令二千起，依照法令的效力，三百約克以上之土地也圈劃起來。當時土地圈劃的盛行，本有其客觀條件，申言之，卽工業發展與城市勃興，農產品的需要一天天擴大，給地主以特殊的刺激。不僅牧羊可以致富，卽經營普通農業亦是非常有利之事。同時，又頒布所謂「穀物律」(Cornlaws)，重征穀物進口稅，本國穀物市場完全落在地主手中。到十八世紀後半期，英國又變成某種限度的穀物輸出國。

農紳與農業技術

因經營農業有利，就喚起改良農業技術的要求，當時有所謂「農紳」(Gentlemen farmer) 者注意提高耕種土地的效率，他們在農業上的重要，幾與工業上的廠主相等。最著名的農紳，有下述四人：

(一) 葉忒羅 (Jethro Tull) ——英國從前大抵用手撒布種子，以致植物與植物之間不能下鋤、無從除草。葉忒羅告訴農夫下種取直行，每行之間留出空地，以便下鋤除草。這種方法也許是他在法意兩國旅行時看到的。他曾創製一種播種機，隨人指揮，自動播種，大約是一七〇一年發明的。他又使用馬拖的耕犂，以後著一本書，叫做耕法（Horscheoing Husbandry, 1731。

（二）坦增德（Viscount Townshend）——他本是從事政治活動的人，後因與某權貴意見不和，遂退隱田間，治理農業。他不但採用葉忒羅的方法，並實行一種輪種制（System of Crop-rotation），把小麥，蘿蔔，大麥等分年輪種，加以肥料，以此收穫奇豐。他最重蘿蔔的收穫，所以有「蘿蔔坦增德」的綽號。

（三）貝克威勒（Robert Bakewell）——他以豢養家畜為業，因改良牛羊品質出名，所用方法，不外選擇優種交配，禁止盲目傳種。當時工業都市需要大量的羊肉，牛肉，牛乳，乳油，乳酪等物，所以改良家畜，也成了風氣。英國某大市場內，從一七一〇年到一七九五年之間，小牛平均重量從五十磅增到一百四十五磅，大牛從三百七十磅增到八百磅，小羊從十八磅增到五十磅，大羊從二十八磅增到八十磅。

（四）亞塔爾陽（Arthur Young）——他是「農紳」中最重要之一人，雖未曾親身耕種，却用筆來代犂鋤。在十八世紀末葉，他把旅行時所觀察的各種耕種法，告訴農夫，且著書以述其所見，嘗出一種月刊，名叫農業時報（Annals of Agrioulture）。

不待說，這些「農紳」所提出的農業技術，是與地主有利的，小佃戶大半無力仿效；並且在地主所採用的新方法壓迫之下，而那些技術落後的小佃戶却一天天沉入到破產的深淵裏去。

農業資本主義化

地主的土地增大，而又採用較新的農業技術以從事耕種，將大批農產物送到市場，這便是資本主義化的農業。「耕種人的數目雖已減少，然土地所產的生產物與以前一樣多，或者比較更多些。因為土地關係的革命，有更善的耕種方法，更大的協業，與生產工具的集中等等跟着出現，而農業勞動者不獨是工作愈加緊張，就是他們為自身勞動的生產領域也愈加縮小了。農業人口的一部分既被放出來，他們從前所需的生活資料也被放出來了。這些生活資料已變成可變資本(Variable Capital)之物質的要素了。被驅逐的農民必須用工錢的形態從他的新主人——工業資本家——方面購買這些生活資料的價值」。

英國封建的土地關係是這樣與其新條件相適應的。英國的地主大半變成資本家。而那些農業小生產者不得不離開土地，不得不放棄以前賴以活命的生產工具，而加入工錢勞動者的預備隊中；換言之，他們已成為「飛鳥般自由的無產者」。

愛爾蘭的農民

在這里，應該把英國國會在愛爾蘭的土地占有政策略加敍述。愛爾蘭是英國資本家所經營的國土。那裏一切土地悉握在英國大地主的手中。這些大地主以極苛刻的條件把土地租與愛爾蘭人。而愛爾蘭的大承租人又以較高的地租轉租與貧農耕種。愛爾蘭人受不了這些苛刻的條件，所以對英國的壓迫者時舉「反叛之旗」。英國人對待愛爾蘭人的反叛，則用暴力鎮壓；一七九八年「統一愛爾蘭人」協會的反叛亦被鎮壓下去。愛爾蘭的自治既取消，遂與英國合併，於是大不列顛與愛爾蘭同是「合衆王國」(United Kingdom)之一部分。愛爾蘭的農民便陷於水深火熱之中而無由自拔了。

農業革命的結果

農業革命的結果，廣大面積的土地都併入大地主支配之下。大地主以土地租與「資本主義的佃戶」(Capitalist farmer)，這些大佃戶僱用工錢勞動者耕種。將剩餘生產物的一部分用貨幣或貨物付給地主，叫做地租。而從前有土地的自由農民則一天天絕跡了。農村人民分別為三種：(一)大地主，靠地租生活；(二)大佃戶，有很多的資本，可以出高價租種土地；(三)農村工錢勞動者，靠出賣勞動力生活。到十六世紀，因貴金屬價值繼續下降，貨幣價值也繼續下降，黃金的果實便落到大佃戶的荷包中。當時勞動工錢低落，即是說，勞動工錢的一部分加入大佃戶的利潤中了。穀物，羊毛，肉類——總說一句，全部農產品——的價格繼續增高，使大佃戶不勞而有意外之獲；同時，他所要付的地租是依向來的貨幣價值計算的（當時租約很長，常至九十九年之久）。大佃戶兩面開刀——犧牲工錢勞動者與地主——而造成自己的富裕，巨額的資本便由此蓄積起來。

第三節　技術革命

手工業生產不能滿足市場的需要，於是技術革命的時代到來。英國促進生產的最初發明，要算一七三三年鐘錶工人開伊（Kay）所創製的飛梭，把飛梭應用於織布業，可使織布的速率增加一倍。這樣一來，就引起織布業工場有原料不足之感。「紗線飢荒」逼迫發明者研究促進紗線生產的方法。一七六五年，一個兼做木匠的紡紗者——哈格理佛士（Hargreaves）就順應時代的要求發明了紡紗機；他用他女兒的名字——Jenny——稱呼這新發明的實物。經過幾次改良，居然一個勞動者同時能紡八根紗線。不過這種紗線，質鬆易斷，祇

紡織機的發明

可作經，不能作緯，未免美中不足。這個缺點，竟爲理髮匠阿克來（Arkwright）所除去。阿克來於一七六九年發明一架機器，把紡紗的軸子改了，用一紡輪替代紡工的手指。這機器用水力推動，故叫水力機（Water frame），這位發明家，自己建設幾個工廠，靠水力機積成大富，他是最初因機器而發財的人。可是水力機所紡紗的線，雖很堅實，但略嫌粗。到一七七九年克綸普吞（Crompton）又把這種缺點除去了。他的機器叫紡騾（Mule），凡哈格理佛士與阿克來機器的好處，都包括在內。以後又經蘇格蘭人策勒（Celle）的修改，可以製出很匀細的很堅緻的紗線。紗線問題解決之後，又引起紗線數量與織布能力不相稱，換言之，即紡紗業突過織布業。到一七八四年，敎士卡特賴特（Cartwright）發明自動織布機（Automatic loom），這種不相稱又過去了。經過多次修改，於是廣被採用。

在英國工業上所完成的生產方法的革命，決定其他各方面的革命。

毛織業機器化

織布生產機器化以後，其他的紡織業——如毛織業與麻織業——亦陸續採用機器。羊毛業廠主，把紡織業的發明，應用到羊毛業裏來。其使用哈格理佛士的機器雖然很早，可是成功不大。羊毛業小生產制度保存的時間頗久，而且還能與大生產競爭，據一八〇三年的統計，毛織品中十六分之十五是由小生產製造出來的。但因生產技術的變動，終究產生了新羊毛工業的中心，如黎芝(Leeds)，布拉德佛(Bradford)，及哈里法克斯(Halifax)等。在蒸汽機發明之先，須用水爲動力，這些工業中心，大抵在水流很急的河岸。

鋼鐵工業的發展

製造機器需要鋼鐵，因機器的普遍採用，鋼鐵工業也起革命了。當時英國的鑛業與鋼鐵工業還不能滿足製造機器的需要。十八世紀時，化鐵鍊鋼用木材爲燃料，以致森林斬伐殆盡，引起木材不足，鋼鐵生產亦受影響，一七二〇年，六十家化鐵爐祇產一萬七千噸鐵。英國鐵鑛雖富仍不能不從瑞典與俄羅斯輸入生鐵。要解決鋼鐵的困難，非從燃料着手不可。一七三五年，有鑄鐵匠名達比(Darby)者，發明以焦煤(Coke)鍊鐵，於是生鐵數量大增，而熟鐵則又感不足。到一七八四年有亨利科特（Henry Ceort）發明用特種熔爐來鎔化生鐵塊，即當鐵極熱之時，攪之搗之，把其中雜質除去而錬成比較純粹的鐵——熟鐵與鋼。有了這些發明，鋼鐵問題便解決了。因此，英國鋼鐵在十八世紀大爲進步，成爲歐洲鋼鐵工業最發展的國家了。

汽機的發明

機器可分三大部分：（一）發動機，（二）傳力機，（三）工作機。上述各種發明大半屬於工作機一方面。但因工業的發展，發動機更成爲重要的問題。在汽機未發明之先，發動機僅藉獸力或水力，然水力爲地方性質所限，不能普遍應用。於是汽機便成爲不可少的利器了。瓦特(James Watt)經多年之研究與試驗，在一七八一年製成雙動汽機，從此就產生眞正的蒸汽機了。一七八四年，帕普維克（Papplewirk）紡織工廠第一次應用汽機。一七八六年第一次建立汽機的紡紗廠。汽機的發明，於工業發展上有遠大的意義，工業革命歷史家說：『汽機發明不獨開始了工業革命最徹底的最堅決的一個時期，而且產生一種新的工業部門，就是機器製造工業，而這門工業，祇有根據大生產的原則，才能組織起來』。資本論的著者也說：『瓦特天才的偉大，正如他在一八八四年得到專利狀上所說，這個發明，不是爲着某種特殊目的，而是爲着大工業通用的發動機』，假使說汽機是近代文明之酵母，那麼，瓦特便是近代文明之産婆了。

第四節　工業革命後的英國

從農村國變爲工業國

工業革命使英國全部生活起了大的變化。從農村裏排擠出來的農民——飛鳥般自由的無産者，像潮水一樣的流入都市。十七世紀之末，英國農村居民幾占全國人口的五分之四，到一八一一年，都市居民已占全國人口的十分之六。這卽是說，英國已從農業國變爲工業國了。當她還是農業國的時候，以東南部爲人烟稠密之區，可是，在工業革命後，其中心地帶已轉移到工業發達的西北部。如曼徹斯特從前本是一個村鎭，不及百年，成爲紡織工業的中心，人口增加十倍。又如北明翰在十八世紀初，居民祇有一萬五千人，自成爲金屬工業的中心以後，人口驟增到五十萬人。此外，如毛織工業亦向黎芝（Leeds）集中，黎芝也成了西北部的大都市。從前閒散的英格蘭（Merry England）已變爲忙碌的英格蘭了。

纖維工業

受工業革命影響最大的是紡織工業，棉花之紡而爲紗，又織而爲布者，在一七二〇年不過兩百萬磅；在機器發明後，到一八二〇年，增加到六十倍；到一八五〇年，幾增加到三百倍。所以說：『蘭開夏（Lancashire）的歷史是新時代的奇蹟，這一切奇蹟都從紡織工業發生出來』（英國勞動者生活狀況）。其次是毛織工業，一七八八年，約克（York）所產毛呢祇七五・〇〇〇疋，到一八一七年則有四九〇・〇〇〇疋之多。至於蔴織工業，也有大的進步，一八一四年，丹梯（Dundee）用蔴三・〇〇〇噸，到一八三三年則爲一九・〇〇〇噸。

煤鐵工業

因機器的普遍採用，煤鐵的需要一天天擴大起來，尤其是在發明鍊製熟鐵之後，化鐵爐增大十五倍；再加以風箱的改良，鐵的生產比前便利。往昔許多用木製或石製的工具，現在都改用鐵了。鐵的用途既廣，煤的用途也因之更廣了。茲引十八世紀下半期英國煤鐵增加的數字如下，以見其發展之一斑。

年度	產煤的噸數
一七五〇	四・七七三・八二八
一七七〇	六・二〇五・四〇〇
一七九〇	七・六一八・七二八
一七九五	一〇・〇八〇・三〇〇

年度	產鐵的噸數
一七四〇	一七・三五〇
一七八八	六八・三〇〇
一七九六	一二五・〇七九
一八〇六	二五八・二〇六

交通事業

各種工業既蒸蒸日上，沒有便利的交通是不成功的。英國從十八世紀中葉起，極力建築馬路與新水道。在一七六〇年與一七七四年之間，國會通過關於修築道路的法案，共有四百五十二起，交通網便一天天繁密起來。此外，開濬運河也有特別成績，曼徹斯特與利物浦之間的運河完成於一七五五年，運費減低兩倍；而聯貫倫敦與各城之間的大運河（Grand junction Conal）則成於十八世紀之末。到一八二五年，運河總長已達五百英里。這些運河的開濬，都是私人請求，經過政府特別許可，由股份公司辦理的。

國外貿易

英國是先進的工業國，其工業生產對全世界實居於壟斷地位。換言之，英國已成爲「世界的工廠」了。從前與英國競爭的國家，現在都落到英國之後，所以，無需保護關稅保護自己的工業，反之，祇要求自由發展，要求自由貿易。一八六六年，澤豐斯（Stanley Jevons）說了下面一段話，描寫英國國外貿易的優越：

「建築在我們煤炭富源基礎之上不受束縛的商業，使地球上好些地方成爲我們馴伏的附庸。北美與俄羅斯的平原是我們的稻田，芝加哥與敖得薩（Odessa）是我們的倉庫，坎拿大與波羅的（Baltic）是我們的森林，澳大拉西亞（Austra-lasia）有我們的牧草，南美有我們的牛羣，祕魯送銀來，舊金山與澳洲的金流到倫敦，中國爲我們種茶，而咖啡，砂糖，香料則得自東印度，西班牙與法蘭西是我們的葡萄園，地中海岸是我們的果木園，從前在美國南部所佔的棉田，現時則徧布於全世界各處……』（譯自 Siegfried: England's Crisis P. 15）

這一段話，無異說，英國征服了全世界。申言之，就是工業革命贈給英國以資本主義的王冠，使其支配一切。

資本家與勞動者

在這里，要特別指出的，戴資本主義王冠者不是全體英國人，而是英國人之中的資本家，他們乃新時代的寵兒，把一切財富握在手裏，傲氣凌人，揚揚得意。如果借用英國歐文(Robert Owen)的話說：就是：『一切財富之很快的蓄積，是機器發明結果的蓄積，將社會上那些最無知識最無良心的分子，都造成資本家了』。然而，有了資本家就與封建勢力發生衝突，這卽是說，由經濟上的革命引起政治上的革命。以後政權也屬於資本家了。可是，另一方面，隨着工業的發展，勞動者也急激增加，破產的農民與手工業者無路可走，只得出賣勞動力到工廠裏侍候機器，成爲機器的奴隸。他們是『工業革命最主要的產物——普羅列塔利亞（Proletariat）』。勞動者的生活是與資本家有天淵之隔的，就是說一在天堂，一在地獄，也並非過火之言。而且站在機器旁邊的不僅是成年的男工，還有他的妻子與小孩（女工與童工），工時既長，工資又薄，在惡劣的生活情形下面，使他們深深了解資本主義的剝削性與殘酷性，所以，在工業革命以後，資本家與勞動者在社會內部是對立的。這是社會發展中之又一矛盾。

英國工業革命與全世界

工業革命本起於英國，可是其影響則超出英國國境之外。英國資本家既改良生產技術，又開拓交通利器，以創造出近代文明，於是把一切國家，甚至連最野蠻的人種，也拉入文明隊裏。他們以大砲似的商品，向全世界進攻，就是中國的萬里長城也抵不住；結果，全世界，甚至連極端排外的野蠻人，都不得不屈伏於「日無停照」的國旗之前。世界各國爲保存自己垂危的生命起見，都不得不採用英國資本家的生產方法，換言之，就是不得不發生工業革命。所以，到現在，英國資本主義已按照自己的模型改造全世界了。

練習問題

（一）英國工業革命的社會背景怎樣？

（二）英國農業革命是怎樣引起來的？其利益落到誰的手裏？

（三）英國技術革命的過程怎樣？其動機是爲什麼？

（四）英國工業革命引起那些社會矛盾？與全世界的影響怎樣？

參考資料

（一）產業革命講話（生活書店）

（二）產業革命（亞東圖書館）

（三）近代世界史第十四章（世界書局）

（四）西洋史要第五章（南强書局）

（五）Capital, chap. XIII, Machinery and Large-Scale Tndustry

第二章　美國獨立運動

第一節　歐洲人移殖新大陸

移殖的原因

新大陸本是哥崙布（Columbus）發見的，這既非出於上帝的啓示，又非他個人偶然的成功，而實由於歐洲經濟發展的需要。申言之。即歐洲資本主義已有萌芽，它要衝破憂鬱的黑暗的中世紀，不得不尋求到東洋的新航路，於是處女地的美洲便與高鼻碧眼兒發生關係了。自一四九二年，美洲發見以來，三百年間（十六、十七、十八世紀），歐洲人絡繹不絕的向新大陸移殖。他們遠離故鄉，橫渡大西洋，從事「蓽路藍縷以啓山林」的偉業，實有其不得不如此的原因。當時歐洲各國有所謂宗教改革運動，到處發生宗教的紛擾，在如西門

(Simons) 在美國史上的社會勢力 (Social Forces in American History) 一書中所說：「互相爭鬥的無論那一個宗派，只要稍得支配力，便馬上用盡權力去撲滅那競爭者的異端。因此，求避難之所於美洲的宗敎上的亡命客，幾於無時或絕」。避免宗敎的迫害是歐洲人移殖新大陸的一個重要原因。

但是，我們「必須牢記着，與這宗敎的動機同時並起的，還有經濟的動機——即希望在新世界裏獲得生活較好的機會，希望得到在歐洲封建制度之下被拒絕的機會，希望發見因宗敎戰爭致於荒廢與難堪的狀態在美洲可得到解放。最初的移殖者，動機多起於宗敎。然而繼此而來的移殖者，則多被經濟改善的希望所支配了」。(Faulkner: Economic History of the United States P.7) 最明顯的事實，如西班牙人發掘了墨西哥與祕魯的黃金，又同美洲土著印第安人 (Indians) 做皮貨生意賺了大錢，移殖新大陸無異開闢一條「生財之道」。於是就把日趨貧困的歐洲人吸引到「世外桃源」的新大陸之上了。

移殖的國別

在美洲發見後約百年間，依照教皇的勅許，只有西班牙人可向北美殖民。到十七世紀爲止，也只有西班牙人企圖在北美建立永久的殖民事業。其殖民地大抵在佛羅里達半島（Florida），得克薩斯（Texas），新墨西哥（New Mexico）以及加利福尼亞（Caelifornia）地方，移殖到美洲的西班牙人，或用暴力，或用懷柔政策，掠奪土人的財富——尤其是金銀。又與印第安人通婚，其混血兒從事農業。生活必需品則用高價向本國購取。這種專爲本國打算的殖民政策，絕少永續的可能性，終於被英國人所驅逐了。

次於西班牙人而移殖新大陸的是荷蘭人。在當時，荷蘭是歐洲重要的資本主義國家。於一六一八年，組織荷蘭西印度公司（The Dutch West India Company），在紐約附近，設新亞姆斯特丹（New Amsterdam）殖民地，與土人進行皮貨交易（Fur Trade）。以後因皮貨交易衰落，大部分荷蘭人，轉入於農業之中。到一六四四年，新亞姆斯特丹被英國奪去。到一七九〇年，荷蘭西印度公司便瓦解了。

法國在美洲的殖民本是一五一八年在薩布爾島（Sable Island）開始的。但到十七世紀之初，始獲得殖民的效果。當時設立許多商業公司，從海岸漸次深入內地，以伊里諾斯（Illinois）爲最繁榮，約有二千到五千法國人在那裏活動。一六九九年，最初的大殖民地設於下部路易斯安那（Louisiana）的皮洛克西（Biloxi）。到一七一八年，建設新奧爾良（New Orleans）。其他許多殖民地，則在密士失必河（Mississipi）上流，雷德河（Red），阿拉巴瑪河（Alabama）兩岸。不料七年戰爭（一七五六——一七六三年）的結果，締結巴黎條約，法國將布里敦角島（Cape Breton），加拿大（Canada），密士失必河以東的殖民地盡讓歸英國；新奧爾良，密士失必河以西的殖民地盡讓歸西班牙。這樣一來，法國在北美的殖民便一蹶不振了。

可是，在北美殖民得到最後勝利的是英國人。他們不獨排斥了西班牙，排斥了荷蘭，同時，又排斥了法國。一六四〇年左右，在北美的全部英國人，約爲二萬五千，其中有百分之六十住在新英格蘭（New England），其餘大抵住在維基尼亞（Virginia）地方。一七〇〇年左右，增到二十六萬二千人；一七六〇年，增到一百五十萬人。人口最稠密之區是維基尼亞，賓夕發尼亞(Pennsylvania)，北卡羅來納（North Carolina），馬薩諸塞（Massachusette），紐約，馬里蘭(Maryland)。

這些歐洲的「客人」，趾踵相接的移殖新大陸，同時，也把歐洲的「文明」攜帶到新大陸，使循着歷史順序發展的美洲處女地起了空前未有的變化。從此，美洲的「主人」——印第安人——便飽受白種人的蹂躪而遇到最大的不幸了！

第二節　英國在美洲的殖民地

北部殖民地

前面已講過，在北美殖民得到最後勝利的是英國人。現在應將美洲的英國殖民地加以扼要的敘述；爲便於說明起見，不妨按照天然氣候及社會經濟發展的特點，把英國殖民地分成北部，中部，南部。

北部殖民地卽新英格蘭，包含新罕木什爾(New Hampshire)，緬因(Maine)，康涅狄格(Connecticut)，羅得島(Rhode Island)，馬薩諸塞等處；位於大洋之濱很狹窄的山地間，氣候很壞，不適於農業，但近海而有利用水力的便宜（後來所以能成爲工業都市者，實因可用水力來舉辦電氣事業之故）；也沒有到內地去的道路，人口只集中於海岸，與其他大西洋岸的殖民地隔離。從十七世紀初葉起，移殖到此者多爲商人，水手，小場主及手工業者，他們多半屬於英國中等階級，都是被壓迫的清敎徒(Puritan)。這裏主要職業是經商，與土人交易皮貨，販賣甜酒(rum)及非洲黑奴。他們主張自由貿易，換言之，便是漏稅偷運。清敎徒在利益之前，也化爲貪得無饜的「市儈」了。然以地勢的隔離性與清敎徒來美者之減少(因一六四〇年，英國清教徒在國內鬥爭得到相當勝利)，所以非謀獨立自存不可，於是家庭工業，漁業，造船業，亦興盛起來。這種經濟獨立性，使其在經濟上漸漸脫離宗主國的依賴，以此喚起政治獨立的要求。一六四三年，他們已有政治的組織，叫做「新英格蘭聯盟」(New England Confederation)，有些人甚至稱之為美洲民主主義的搖籃。可是這種觀察是錯誤的，因為該聯盟重視階級的差別，有土地的人才有發言權，教會勢力非常之大，甚至紳士與農夫，勞動者，僕婢的衣服，其顏色亦彼此不同，顯然帶有貴族性質。但無論如何，他們已有政治的組織，比起其他殖民地，總算是先進的。沒有加入聯盟的羅得島，則有較為民主的制度。

中部殖民地

中部殖民地是指紐約，賓夕發尼亞，新澤稷(New jersey)，德拉瓦(Dela Ware)而說的。氣候溫和，土地雖不如南部冲積層的肥美，也不像北部岩石質的瘦瘠，因此，既沒有出為漁業的必要，又沒有田莊(Plantation)的便利。居民常從事農業與畜牧，到處有獨立的小農莊，大規模的經營却不多見，奴隸勞動也很少。城市商業極發達，紐約有皮貨，木材，與其他商品出口。故中部殖民地的居民，大抵屬於富裕的小資產階級，爲美國產業發展的重要因素。

當時紐約爲海盜的巢穴，卽掠奪物的分贓處。那些海盜是以西班牙與荷蘭的商船爲其主要對象的。紐約附近亦與北部殖民地相同，階級的差別很厲害，結果，一六八九年，曾發生過有名的林斯勒(Jacob Leisler)的武裝暴動。林斯勒率領小店主，小農，水手，職工，起而反叛，把英國的知事打倒，一時掌握了地方的支配權，但不久爲英國的援兵捕獲處死。『若是林斯勒百事順手，如願以償，則他的名字，當與紐約州代議政體的確立，及民主主義最初的勝利，成爲不可分離的關係了』。(見美國史上的社會勢力第五三頁)賓夕發尼亞的民主制度爲各地之冠，該地禁止使用奴隸，宗敎信仰也很自由。

南部殖民地

南部殖民地則爲馬里蘭，維基尼亞，南北卡羅來納等處，氣候極暖，土壤極良，所以成爲大土地佔有制及殖民地田莊經濟的中心。就中尤以維基尼亞爲首出一指，該處有森林環繞，至被稱爲森林的威尼斯(Venice)。栽培煙草極一時之盛，維基尼亞人對於他們的財產及一切所有物的價格，是以煙草來估計的，煙草簡直成了通幣。煙草的栽培以奴隸爲必要，所以奴隸制度與該處結了不解之緣。從非洲販運來的黑奴，大半是田莊間的工作者，其數占全體居民的五分之三。統治階級則爲農業貴族，英國淸敎徒戰勝保王黨的結果，以致保王黨都向維基尼亞來亡命。他們在本國兼有財富與權力，到了維基尼亞之後，亦挾財富與權力以俱來，於是成了田莊的主人，成了奴隸的主人。在農業貴族支配的地域，獨立的農民與工商業資本家都幾乎絕跡了。

另一方面，維基尼亞煙草業的發達，與倫敦公司(The London Company)的利益是分不開的。當時英皇詹姆士第一(James I, 1603—1625)不願意倫敦公司在維基尼亞博得大利，加之美國最初代議機關的市邑議會(House of Burgesses)又是一六一九年在維基尼亞設立的，所以，詹姆士第一把該處的倫敦公司看作「培養議會制度的苗床」，而將其特許狀與一切特權取消。這樣一來，維基尼亞也與北部新英格蘭一樣，非謀獨立不可。

各殖民地的相互關係

北部，中部，南部各殖民地，相距頗遠，在初期各營自給自足的獨立生活。但隨着工商業的發達，相互間的貿易大為增加。例如在南部從事勞動的黑奴，是北部商人所供給的；南部以栽培煙草為主，對北部中部的產業不能不有所依賴；同樣，北部與中部的商人又多以南部的煙草，穀米，麥粉為利源。因有這些經濟的原因，於是以前孤立的北部中部南部諸殖民地便接近起來，結合起來了。一六九三年，設立郵政制度，在促進各殖民地的統一上，很有效力。郵政起初是個人經營的，到一七三八年改為公辦，甚至延長到坎拿大，在主要的都市之間，都有定期的郵政路線。

更提高殖民地的獨立心的，是軍事組織的發達與有了戰勝的自信。在與大利王位戰爭（The War of Austrian Succession, 1744—1748）新英格蘭的軍隊，攻下了法領坎拿大的路易堡（Louis-burg）。又在由七年戰爭所引起的法印戰爭（French and Indian War）中，華盛頓（Washington）率領殖民地軍隊，進攻法領度壘（Duquesne），比英國派來的軍隊得到更優良的成績。這兩次戰役，不僅增進殖民地軍事的經驗，並且鼓起殖民地作戰的勇氣。

此外，如各殖民地協力與北美土人爭鬥，也是促成統一的原因之一，不過主要的原因，仍是由於經濟的發展而不得不要求聯合，經濟的脈絡把散漫的殖民地統一起來了。

第三節　殖民地與英國之間的矛盾

各殖民地的工商業既有蒸蒸日上之勢，即是說，它們在經濟上已奠定獨立的基礎。在這種經濟基礎之上而形成政治上的離心運動，不僅是可能，而且是無可避免。到十七世紀下半期以後，英國對北美殖民地所採用的政策，更促進政治上離心運動的發展，無異把兩國之間最後的紐帶用刀剪斷。

英國的殖民政策

從英國的殖民政策看來，殖民地只爲宗主國的利益而存在，助宗主國以一臂之力是可以的；如與宗主國的商業競爭，這是萬萬不能容許的事。所以，殖民地對於宗主國應負一種義務，即供給宗主國以其所沒有的商品，使之富裕起來。以宗主國爲主，以殖民地爲副，將整個殖民地商業握在手裏，攫取殖民地的原料，並用一切方法以遏抑殖民地工業的發展。這樣一來，宗主國便成爲束縛殖民地的桎梏了。

賦稅煩苛

一七六三年法印戰爭後。英國對殖民地的政策簡直是公開的挑衅政策。一七六四年所頒布的糖稅條例（Sugar Act），對外國輸入殖民地的糖和蜜，徵收重大的進口稅。同時，英國的戰艦常常泊在沿海各岸，阻止「祕密貿易」(Smuggling)的進行。英國收稅員有權搜索私入住宅，以尋私貨。這樣取締祕密貿易，卽是給新英格蘭的商業以極厲害的打擊。繼糖稅條例而起的，有一七六五年的印花稅條例（Stamp Act），規定一切新聞紙，小册，及合法文書，如地契，遺囑，押契，支票等，均須貼自一分至五十元的印花稅，這個條例，引起一般人民反對，尤其是商人與律師，覺得每日貼用印花，實太煩瑣，對英國政治常發不平之鳴。

抗英運動

自糖稅條例印花稅條例陸續頒布後，律師們都詆毀賦稅，有奧替斯(James Otis)者會宣言「無代表權者而徵稅是爲暴虐」。又一律師名亨利(Patrick Henry)者更勇敢的警告英皇，請其注意查禮第一(Charles I－一六四九年被處死刑的英皇)的遭遇，英國官吏私邸，常被人縱火，幾無寧日。在印花稅實行之日，商界罷市，停止貿易；成千成萬的人互相約定，不取消印花稅，則永久實行排貨（Boycott）。九處殖民地的代表在紐約開會，正式否認英國在美洲的徵稅權。著名的富蘭克林（B. Franklin）更明白說：『殖民地人民永不會屈服於印花稅之前，除非用武力來壓服』。在抗英怒潮高漲之下，印花稅條例在一七六六年撤消了。不久，英國又頒布駐營條例（Quartering Act），將駐在美洲的英國守備兵的燈火，營塞，與燃料，概歸殖民地來負擔。到一七六七年，又强行坦增德條例（Townshend Act），課稅於玻璃，紙，繪具，鉛，茶等。因此，引起一七六八至一七六九年第二次排貨運動。結果，英國輸入美洲的商品爲之銳減。到一七七〇年以後，英國亦將這些捐稅撤廢，只有茶稅還繼續存在，所以抗英運動仍未終止。到一七七三年十二月十六日，遂釀成「波斯頓茶幫」（Boston Tea Party）的暴動，把英國東印度公司三隻茶船所載三百四十二口茶箱投於海中。英政府曾封鎖波斯頓以爲報復，於是又發生第三次排貨運動。到此時，英國與美洲殖民地已立於短兵相接的陣前了。

第四節　美國獨立戰爭的爆發

誰都知道美國獨立戰爭，是眞正的革命戰爭，其影響非常之大，甚至有人說：「十八世紀的美國獨立戰爭好像警鐘一樣，敲醒了歐洲的中等階級」（資本論第一卷第一版序）。不過，在戰爭醞釀之際，殖民地的大多數人，並不存心於革命，更不存心於政府的建立，他們似乎不了解自治政府的學說(Theories of Self-government)，其目光只注意到賦稅問題，只希望英國政府在未得到殖民地議會同意之前，不得任意徵稅。換言之，他們依舊承認英皇是殖民地的君主，也可說是效忠於英國的人。這是當時的保守派。

戰爭的領導者

可是，堅決主張爲獨立而戰者只有殖民地的工商階級，他們雖是少數，然而活潑，勇敢，意識到自己的目的，并有貫澈目的的決心。這也許是正在抬頭的新興階級之特性吧！「未來」是這一階級的世界，所以他們所選定的路線，畢竟決定了美國的命運。他們是獨立戰爭的領導者。

當時有一個住在美洲的英國人，名叫佩因（Thomas Paine），對殖民地的民衆極表同情。他於一七七六年一月在斐列得爾斐亞（Philadelphia）發行一本小冊子，題曰常識（Common Sense），內面有這一段話：

「時候到了，殖民地須堅决的與英國作最後的分裂；沒有理由能使殖民地的人民仍舊歸服在英皇治理之下。國王究竟沒有神授特權，可以治理人民，管轄百姓；國王不過是盜而冠者罷了。假如他們有無限權力，那他們就變成專制魔王；倘若他們是立憲君主，像英國的國王一樣，那他們不過是化錢的傀儡罷了』。

這本小冊子出版的時候，正值民衆心理非常激昂，而英國又調派大軍到美洲來鎭壓，和平解决已不可能。在暴風雨的前夜，「常識」消售非常迅速，讀者眞不知有多少？殖民地人民因此深深懂得，英皇並非神聖不可侵犯的國王，他們爲獨立而戰，原是合理的事。

戰爭的經過

在獨立戰爭快要爆發的一七七四年，第一次大陸會議(Continental Congress)在斐列得爾斐亞舉行，除佐治亞(Georgia)外，有十二州代表五十三人與會，決議：到獲得自治權爲止，與英國斷絕通商，即出於用兵亦所不惜。一七七五年四月，第二次大陸會議，決定對英宣戰，並推華盛頓爲總司令。馬薩諸塞的市民軍先與英軍開火。接着又在波斯頓交戰。英軍總司令任命豪大將(Sir William Howe)以代給治(Gage)。豪大將爲民權黨員(Whigs—自由黨的前身)，屬於工商階級，他相信資產階級是未來的主人，所以對美國資產階級的抬頭頗具同感；又相信以武力鎮壓是不可能之事，所以當時雖率領五萬精銳的大兵，超過美國兵力五倍以上，但不積極作戰。因此，豪大將被召回國聽候查辦了。後來從坎拿大派來的柏圭因(Burgoyne)援軍，被美軍打得落花流水。豪大將的歸國與柏圭因的戰敗，沮喪了英國的士氣。加以法國，西班牙，荷蘭諸國與英爲敵，用貨幣，軍火，軍隊援助美國，英軍已陷於「四面楚歌」之中。到一七八一年英將康華理（Cornwallis）在約克唐（Yorktown）投降華盛頓，於是勝利之果便落到美軍之手。

獨立宣言

在美國獨立戰爭中，曾發表過一篇千古不朽的宣言，稱爲「獨立宣言」（The Declaration of Independence），出於哲斐孫（Thomas Jefferson）的手筆，在一七七六年七月四日爲大陸會議所採用。這篇宣言實爲宣布德謨克拉西（Democracy）各原則的第一個文件。宣言的出發點是：凡人皆有其天賦的不可侵犯的權利，卽生命，自由，求幸福等權。政治目的，在使這些權利得到保證，而政府的權力也祇是從國民得來，倘若政府不能執行職務，人民有權撤換這個政府，於必要時得訴諸武力，這乃是革命的特權。宣言上歷數英國王政的各種黑幕，並宣布殖民地的獨立。哲斐孫更進一步說：「自由的樹，常常要用志士與暴君的碧血來灌溉它」。

外國的援助

前面已提到法國，西班牙，荷蘭諸國是與英爲敵的。尤其是英法兩國關於海上霸權的爭鬥，有長期的歷史。從一六八八年到一七六三年之間，英法打過四次仗，結果，法國大敗，主要的殖民地都喪失了。不待言，法國是要尋仇報復的。果然，在美國獨立戰爭中，便授法國以反英的機會。從一七七七年美軍在薩剌托加（Saratoga）一戰勝英之後，法國卽與美聯盟；次年，卽對英宣戰。西班牙與荷蘭不久亦與法聯絡。其他歐洲國家也恨英國在戰爭中藉口搜查來刼掠中立國的船隻，於是共同組織一個武裝中立聯盟（League of Armed Neutrality）以保護自己的航業。這樣一來，英國除應付美國外至少須與法國西班牙荷蘭幾個强敵周旋。同時，愛爾蘭也乘隙思動，英國國內人民又不是全體贊成與殖民地開戰。在內外牽制的局面之下，英國就不能以全力來削平美洲的「叛亂」了。這一點，給美國獨立戰爭以不少的幸運。不過，法國在這次戰役之後，雖然眼見英國最大的殖民地宣告獨立，但自己祇恢復僻小的殖民地兩區，而又耗去大批軍費，以致財政破產。促進國內革命危機的成熟，這也許是法國政府夢想不到的吧！

第五節　美國獨立運動的結果

政治上的結果

從政治方面說，丹麥，俄羅斯，瑞典，普魯士，澳大利，葡萄牙，西班牙都先後承認美國的獨立。英國在康華理投降後，代表工商階級的民權黨，對於代表封建貴族的保王黨（Tory）得到勝利，也在一七八二年二月二十七日，有下述決議案提交議會通過：「對於美國再繼續作攻勢的戰爭，在目前情形之下，只是削弱英國的實力，以利歐洲的敵人；在英美兩國之間，只是增加致命的相互的敵意，此外什麼利益也沒有。這是議會的意見」。所以，一七八三年九月三日，英國終於在凡爾賽承認北美合衆國的獨立了。

以上是就對外關係說的。對內呢？在獨立戰爭爆發之初，雖有由各州代表組織而成的大陸會議，管理軍事與外交，祇不過是臨時的機關。及至一七八一年，戰爭快要結束，方有憲法的制定，叫做同盟公約(Articles of Confederation)。但在事實上，同盟公約並沒有造成聯邦，因中央機關空洞而無權力，不過是各個獨立共和國之公會而已。當時商人與工業家需要建立一個强有力的集中的政府，能夠訂立適當的商約，實行保護稅，以保障自己的利益，所以要求重新審查公約。至於城市小資產階級與小農，却不歡迎强有力的集中的政府，恐怕因贍養國家機關與軍隊而加重負擔。最後以工商階級及田莊主人的强求，遂於一七八七年，在斐列得爾斐亞召集憲法會議，編定新憲法。憲法會議代表的選舉，其財產限制很高，三百萬居民中，只有十二萬人能參加選舉。結果，這些工商階級與田莊主人的代表就把憲法制定。根據憲法，由兩院組成國會，爲最高立法機關，下院議員按照各州人口比例選出，上院議員則各州數目相等。國會有權採取某種對外政策或商業政策，可與外國簽訂條約，及決定關稅，畫定各州疆界等權。其他問題，各州仍保有完全的獨立性，但違反聯邦憲法的法律則不准採用。執行權屬於大總統，四年一任，受上院監督，得上院同意纔可以締結條約，委任共和國官吏。憲法規定最高司法權（大理院）也有權增制合乎憲法的新法律；倘認爲某種法律不當，可以判斷將其廢止。除了賓夕發尼亞及羅得島兩州之外，其餘各州的憲法都把選舉的財產限制定得很高，因此，大多數勞動者仍與政治絕緣，而脫離宗主國壓迫的新共和國，就只以工商階級爲主人翁了。一七八九年選舉華盛頓爲第一屆大總統，各殖民地便建設一個正式獨立的國家。

經濟上結果

美國獨立，不僅在政治上展開了新的局面：並且在經濟上啓闢了新的坦途。美洲本是新發見的「世外桃源」，其歷史過程中沒有什麽封建制度時代，就這一點說，可算是培植資本主義的沃壤。隨着歐洲人移殖過來的封建遺物，在這次獨立運動中，都一掃而空，政權從保王黨的封建階級之手移交新興工商階級之手，經濟發展的障礙旣徹底打破，則資本主義蓬蓬勃勃的生長，本是當然的事。所以，四十年間（一七六〇至一八〇〇年），美國人口從一百六十萬到五百五十萬，增加三倍半。一七九〇年出口貨價值不過二千萬金元，至一八〇〇年增加到七千萬金元；入口貨也從二千五百萬金元增加到九千萬金元。北部各州的工場手工業極爲發達，蒸汽機也應用了。南部各州成爲產棉花的中心，棉花運往歐洲消售，生產額繼長增高，一七九〇年不過二十萬磅，一八〇〇年增加到二百萬磅，一八一〇年則增加到四百萬磅。這樣飛快的速度，在資本主義國家的歷史上是沒有先例的。

美國革命意義

美國的獨立運動——或者說美國革命——是民主主義運動史上最重要的一頁。在獨立運動中握有領導權的是殖民地的工商階級，他們很堅決的與宗主國爭鬥，相信以武力顛覆舊的統治，乃是革命的特權。這次爭鬥的成功，卽是美國資本主義發展的第一步。而由歐洲移殖過來的阻止資本主義發展的封建殘滓，都葬送於獨立戰爭的炮火之中了。儘管有人說：「通觀許多事實，可以知道美國革命是一種商業革命。它不是爲解放美國勞動者的革命，只是爲使美國商人得以自由搾取的一種爭鬥。……縱令這次革命標榜了自由，平等與正義，但那也不過是革命的商人指導者爲自己的利益而使用的理想化的詞句」。(Unmerinaun: World Revolution. Chad.V) 可是，美國獨立運動在民主主義運動史上仍有不可抹煞的意義，至少也與歐洲各國的民主革命，盡了同一的功能。果眞如前面所說「十八世紀的美國獨立戰爭好像警鐘一樣，敲醒了歐洲的中等階級」，那麼，美國獨立運動就是法國大革命的前奏曲了。

練習問題

（一）美國脫離英國而獨立有無經濟基礎？

（二）試述美國獨立戰爭的遠因與近因。

（三）美國獨立運動勝利的條件如何？

（四）估計美國獨立在革命史上的性質與其意義

參攷資料

（一）美國社會勢力發展史（神州國光社）

（二）美國資本主義發達史第四第五兩章（新生命書局）

（三）近代世界史第十一章（世界書局）

第三章　法國大革命

第一節　革命前的經濟組織與社會結構

農村經濟

在英國已收穫了工業革命之果的時候，法國的工業革命纔慢慢的開始；所以到十八世紀末葉，法國還是一個農業國家。全國人口二千六百三十七萬三千人，其中有二千四百萬人（占全數的九一%）住在農村；城市除巴黎（有六十萬人）及里昂（有十三萬人）外，其餘都是小城市；一般說來，總算農村佔據優勢。法國農村經濟的特點，是小農及大地主的田莊同時並存，與英國的地主農業之壓倒小農者不同。各省農民所有的土地，從百分之三十三到百分之六十。國王，貴族，教會都是大地主，土地屬於國王者約占五分之一，屬於貴族與教會者約占五分之二。地主把自己的土地分成二三十段租給佃農，但普遍的情形則由地主租給包租者，再由包租者分成小塊租給佃農。教會土地大半也是租給佃農。地租非常重，約占收穫之半。農業技術極落後，三田制與二田制亦頗流行，有些地方全然不施肥料。在革命前一百年之間，每一公頃(Hectare)的生產量，沒有什麼變動。但在資本主義侵入農村的過程中，農村經濟商品化已成顯著的現象。糧食價格騰貴，土地出產也更値錢。十八世紀中葉，每一公頃的出產有十五法郎，至革命初則有二七・六六法郎了。同時，資本主義又使農村的人民分化，公社土地絕跡；另一方面，貴族日趨破產，入款不敷，不得不借債，最後就不得不把土地賣給資產階級。

都市工業

十八世紀之末，法國工業最主要的還是小生產，僱用兩個至十個工人的企業極普遍；僱用百人至百五十的卽算大企業；僱用五百人以上的眞是少有。最大的企業如巴黎王室的製氈廠，凡羅比的製呢廠及玻璃廠，都有幾千工人。家庭工業很發達，有些手工工廠附近，許多手工業者在自己家裏工作，里昂的絲業就是這樣組織的。大商人拿原料發給手工店主人，店主人再交給工人製造。當時工業受政府監督，政府定有各種規律，不但注意布呢的質量，并且涉及長短，廣狹，經緯，染色等等。在革命前十數年，不大知道英國的機器；到一七七五年，始採用織布機與哈格里佛士的紡紗機；到一七八九年，機器之用漸廣。所以說，法國的工業不是大機器的，而是佈滿鄉村的家庭工業，以此工業在鄉村中的發展更超過於都市。每當收穫之際，都市織機的一部及鄉村中的全部都停止工作，一般說來，織機工作的時候，每年約有八個月。家庭工業之佔優勢，使法國在工業方面仍是一個經濟落後的國家。大企業衹有礦山，毛織工廠，碼頭及船上用的繩索工廠等。

國內貿易

國內貿易的特點，就是當時法國在經濟上還不是一個統一的國家，各區域儼如獨立，各有關稅制度。貨物經過各省邊界，各地方，各城門，各河干，都要徵稅，有的繳入國庫，有的呑入私囊。從奧爾良（Orleans）運一桶酒到諾曼底（Normandy），價格增高了二十倍；反之，從中國運來的貨物，比原價僅高三四倍而已。但自十八世紀二十年代起，國內貿易發達極速。在革命前五十年間，建築寬大的馬路長至一萬英里。信用事業也興盛起來。

國外貿易

資本主義的發展，促進法國國內貿易之擴大；以同一原因，又促進其國外貿易之上昇。從一七二〇年到一七八九年之間，商業總數增加五倍，特別是出口貨所占的比例尤為重要，茲舉革命初起時與一七一六年的輸出統計如下（單位百萬磅）：

年度	農產品	工業品
一七一六	三六	四五
一七八九	九三	一三三

飲料，呢絨，及各種原料為出口貨大宗；飲料出口由三千一百萬利華（Livre)，增到八千九百萬利華，但在同時期內，輸入法國的紡織品却增了十倍，而其出口祇增了三倍，證明法國資本主義的發展是遲緩的。另有一種大宗的商業，就是黑奴；一七一五年，由殖民地輸入黑奴的總値計一百五十萬利華，到一七八九年增了四倍以上。從國外貿易發展的過程中，產生很大的都市，其主要者爲波爾多(Bordeaux)，馬賽(Marseille)及南特(Nantes)。一七六三至一七七八年，由波爾多進出的商船有二四五艘，載貨七四，四六五噸。製酒業極發達，其出品可銷行全世界。馬賽與地中海沿岸各國及東方貿易很大，輸出到東方的商品以呢絨爲大宗，使英國貨受了排擠。每年由馬賽出海的船有一萬五千艘之多，從事航海的工人有八萬，商品的流轉量每年達三萬利萬華。南特爲西部主要都市，對西印度羣島及北歐貿易以此爲中心，同時又是奴隸貿易的大市場。

總括起來說：當大革命的前夜，法國正處在從封建經濟向資本主義經濟轉變的過程中，由舊胚殼中發展着的資本主義與包圍在其外面的封建遺物發生衝突，即是法國大革命的經濟原因。

社會內部的分化

在上述複雜的經濟條件之下，不可避免的要引起社會內部的分化。因此，法國人民分成三大等級（Estate）：第一等級是僧侶，第二等級是貴族，兩者享有特權；第三等級，包括資本家，手工業者，小店主，智識分子，工人，農民，祇有義務沒有權利。一般說起，第三等級與第一第二等級是對立的。可是，各等級內部的利害也非常不一致，可說是極百花撩亂之大觀。要想了解法國大革命中變化離合不可究詰的內幕，非先把各等級相互間的利害關係加以剖析不可。茲從第一等級講起。

第一等級

第一等級即是僧侶，約計十三萬人。他們擁有異常雄厚的財產，據說，法國全部土地的五分之一落在教會手中，并且是最肥沃的，其價格比任何其他土地都高得多。他們不向國家納稅，只在緊急時才認一種自由稅，作爲對國家的「禮物」。教會的財產計值四十萬萬利華，每年從這財產上獲得的收入約為一萬萬利華。此外，教會什一稅（Tithes）每年可收一萬萬二千三百萬利華。這些龐大的進款，不待言，是高級僧侶——主教與大僧正——的私有物，他們從貴族出身，稍為在教會裏做一點事，便可過「揮金如土」的生活，如主教年俸有領一百萬利華，大僧正年俸有領七十萬利華者。下級僧侶則與此相反，每人年俸不出三百利華，在極端的窮困之下生活着，住在矮小的茅屋內，差不多要餓死。他們不覺得自己是屬於特權等級的人，因為生活無改善的希望，自然會被引到第三等級方面去。教會中高級僧侶與下級僧侶仇視的情形，在後來三級會議中表現得異常明顯。被選的教會代表當中，屬於高級的代表八十三人，屬於下級的則有二百零八人。後者與第三等級聯合，給封建制度以最後的打擊。

第二等級

第二等級就是貴族，約計十四萬人。照他們的經濟關係說來，也並非是一樣的。就中以宮廷貴族尤享特權，他們擁有廣大的封地，靠佃戶納租與年貢以過其驕奢淫佚的生活。有些盤踞要津，作威作福，就是辭去政治職務，仍可用各種名譽頭銜領取鉅額的津貼，這種支出在國家預算中占頗大的數目。有些在軍隊中任高級軍官，這可說是貴族的特權（下級軍官則從庶民中選拔），稱爲「貴族劍」。國家供給他們每年要耗費四千六百萬利華，其餘的軍隊反只需四千四百萬利華已夠用。其次，是官僚貴族，稱爲「貴族外套」。他們大抵是最高法院的官吏，平時有權可以接受或拒絕國王的命令。倘使他們反對國王的命令，往往提出抗議，并將其抗議印發以售於人民，所以，在某種情形之下，有離國王而獨立的力量。正因爲如此，他們在執行職務中，全以個人的利益爲重，任何解職的恐怖，任何高昇的誘惑，都不發生什麼影響。他們不以自己經常的合法的收入爲滿足，因而濫用自己的地位以圖發財。於是卑汚，賄賂，貪婪：：成爲流行的風氣。這些官僚貴族利用自己保障人民權利的可能以爲剝削人民的基礎。第三，是地方貴族，卽中下等貴族。他們與前面兩種貴族——宮廷貴族與官僚貴族——不同之點，就是住在鄉村堡寨之內，照其本質說，也是一個農民，不過比較高一層罷了。他們不負重大債務，而又生活簡單，無須加農民以額外的剝削，每年收入，平均不出五百萬利華。他們關心自己區域內的交通，并維持其治安；解決農民間的紛爭，並懲治其犯罪者；有時保護自己區域不使受外部敵人的侵害，就是皇帝的收稅吏，要求過於苛刻，也起而驅逐之。因此，對農民的關係不甚惡化。他們不是絕對無條件的服從王權，看了宮廷貴族的奢侈豪華，自然是羨妬同生；朝廷一切恩澤，半點得不到，自然有不可遏抑的憤懣。甚至新加的賦稅也有些落到他們的頭上。所以，他們不得不要求國家經費開支的節約，主請改革財政，以等級代表監督之。由此可見貴族分成兩個對立的集團：一方面是宮廷貴族與官僚貴族，他們是擁護現制度的；另一方面是各地方的中下級貴族，他們是君主專制政體的反對派。

第三等級

立於第三等級陣前者是大財政家，他們佔有一切信用借貸機關，承辦國家各種賦稅（如鹽稅，關稅，烟酒稅），同時又是國家的債主。以這些利害關係，使他們成爲舊制度的擁護者。他們期望貴族特權的保存，如債權者期望其債務者不陷於破產一樣。如果封建剝削取消，則多數貴族不免破產；如果財政改良，則賦稅承辦制不能繼續；如果國家預算出入相抵，則每年便不舉債，這些都與大財政家不利。固然，他們對於政府也有不滿意之處，但其要求不過希望政治稍爲清明一點，及整頓國家用度，使其利息的收入得到保證而已。

其次，工商業家——中等資產階級——是與大財政家對立的。他們的基礎建立在幾個大都市上，如馬賽，波爾多，里昂，南特等處，封建特權與行會條例的存在，是工商業發展的桎梏。所以，他們在舊制度中認清楚妨礙自己經濟活動的敵人。要想工商業繁榮起來，就必須破壞貴族的特權，取消國內關稅，節省國家不生產的耗費，以及減輕那些削弱人民購買力的苛稅雜捐。總之，工商業家是渴望「自由與平等」的。然而也有一部分的工商業家却成爲例外，他們從事粧飾品的生產與交換，當時如絲織品、毛氈、瓷器、香粉……非常之多，都在宮廷貴族與特權者當中取得良好的消費者。這一類的人，在革命的緊急關頭都跑到反對方面去了。

其次，手工業者，小店主——小資產階級——在法國人口中占很大的數目，在革命上亦有很大的作用。他們在舊制度之下，受了忍耐不住的負擔，所以咒詛舊的統治，也不後人；然而他們又不贊成資本主義的發展，因爲機器是排斥手工業的，大商業是摧毁小商業的。因此，便決定了小資產階級的兩重性，一方面同情革命，一方面又害怕革命，在革命時代就不可免的要動搖起來。

其次，智識分子本不是一種特殊階級，而是代表各種階級利益的。法國革命前的智識分子，其中有教會的代表，在承認上帝的原則上，以爲封建制度的不平等應當維持；又有些法學家，根據當時的法律，要保存往昔的特權，不使失墜。但因資本主義生產方法的發展，便有許多新的智識分子應運而興，他們再不願在舊制度內討生活，一變而代表資產階級的利益。『智識分子所從事的職業，使其本身發展着一種一般的與邏輯思想的能力，此種能力給他們以關於過去及現在社會與政治關係的智識；因此，智識分子乃是資產階級之基本的與主要的利益代表者。……法國大革命將政權交到他們的手中，同時，給了他們以實現其理論的可能。在法國皇室貴族及與之相關的財政貴族敗亡之後，法國便只有一個階級能夠管理國家大事，這就是資產階級的智識分子』。(Kautsky: French Revolution and Class Struggle)

又其次，在第三等級中間也參加有體力勞動者——工人，當時雖沒有近代的普羅列搭利亞，但從事手工業者的工人却非常之多。鄉村中手工業者，工資極低，生活極苦。至於都市工人，完全受行會條件的支配，有三種階層：老闆，夥計，及徒弟。老闆是剝削者；夥計與學徒是被剝削者，他們痛恨一切特權。此外，還有僱傭工人，碼頭工人。是當時無產者的大部分，深深感受舊制度的壓迫。卽手工工廠的熟練工人，普通勞動時間是十二小時左右，甚至有達到十五六小時者。因此，所有一切工人都成了舊制度的反對派。一七七四年與一七八六年，里昂工人曾先後發生過要求改良待遇的罷工運動，都被軍隊鎮壓下去。

最後；還有農民也是第三等級構成分子之一，他們散處鄉村，陷入孤立無援的地位，舊制度下的犧牲者。農民耕種的土地，貴族可以任意打獵。到了收穫期，不能逕將穀物運到家裏，必須留在田野讓收稅吏點驗捆數以決定納稅的數目，如果在這種手續未完結之前而遇到壞天氣，只有聽其腐爛。農民最感痛苦的是各種稅，國王，僧侶，貴族，地主……都以農民爲榨取的對象。有人計算，在負擔最重的地方，農民每收入一百佛郎，必須向國家納五十三佛郎作爲土地稅，人頭稅及所得稅，向地主與教會各納十四佛郎作爲什一稅，剩下的十九佛郎，又要支付鹽稅，消費稅等。所以，法國農民大半生活於啼飢號寒的悲慘狀况中。遇到荒年，只有往死路上走。一七七五年，因爲收成不佳，物品昂貴，農民迫於飢寒，便發生大暴動。大批農民蜂擁到凡爾賽去，要求國王賑濟。結果，被武力驅散，且絞死兩人以示「薄懲」。克魯泡特金（Kropotkin）在其所著法國大革命史上描寫農民的苦況說：『大羣的人民流爲乞丐，五千，一萬，或兩萬的男女老幼成羣結隊的在各省的道路上逃難。一七七七年公佈的乞丐數目爲十萬人。在鄉村中災荒變成恆久的現象，它的間斷期間是很短的。它使一些整個省分杳無人烟。農民是成千成萬的由他們的省分逃出，希望在別處找着較好的環境，但是很快的他們知道這是幻想』。（中譯本上卷一九頁）。在這樣的悲慘命運之下，農民的反抗情緒自然達到沸點以上了。

這是法國大革命前夜一幅社會結構的解剖圖。

第二節　革命前的政治狀況與社會意識

法國的政府完全是專制的。它的任務，好像只在替宮廷及其寵倖籌集款項，以供揮霍，爲特權階級保持特權，並且用暴力消滅每一種不滿

巴士提爾獄

意的騷動。法國人民身體自由最受恐嚇的，就是那惡名素著的「逮捕文書」。無論什麽人如爲宮廷及其寵倖所不喜，即可用這種文書將他們投入巴士提爾（Bastille）的國牢中。誰要是被加上直言無忌的罪名，誰就要打算照着偵探所指示的，銷聲匿跡於巴士提爾的高垣堅壘之內。著作家如果描寫公衆受虐待的情形，他自己即有被投入巴士提爾的危險，他的著作也有被焚燬的危險。誰不爲宮廷的寵人或宮廷的貴婦所悅，即可以無原無故，飽嘗鐵窗風味。有許多人連年累月坐在牢中，從沒有受過一次審問，也不知道是爲什麽。有一個囚徒坐在巴士提爾十六年，他向君主遞上一張呈文，要求人將監禁他的原因告訴他，否則至少也要將這十六年來他的妻子兒女的情形告訴他。這便是暗無天日之一例。在巴士提爾獄中，可以看見許多有體面的人物。然而這樣的牢獄在法國還有許多，不過巴士提爾是其中最著名的罷了。

橫征暴斂

專制主義既用逮捕文書處分法國人的身體自由，又用各種苛稅來處分他們的財產，至於這些苛稅，不管「三級會議」怎樣反抗，終究是要實行的。貴族與僧侶是免稅的。國家負擔全加在「第三等級」人民身上。各項稅捐由政府以一定的數目包給徵稅人，這些人爲自己的利益計，便向民間盡力誅求，錙銖必較。他們用最殘酷的方法對待納稅人，因此人民對於徵收者非常痛恨。特別可惡的是鹽稅，每個法國人一超過七歲，每年必須向國家買鹽七磅，有大批貧民因爲沒有照辦，卽被查抄。因鹽稅而被查抄的，每年約有四千起。因徵稅而被逮捕的，每年約有三千五百起。在許多地方，被捕的人民要受鞭打，甚至於受枷刑。於是貧民挺而走險，大批的乞丐流氓盜賊遍佈全國，時常與警察格鬥。各地有五萬個稽查漏稅的人，防止那因重稅而發生的私運。每年殺戮的人爲數不可勝計；有被車碾的，有被斬首的，有被絞死的，有被焚燒的，有被火鉗烙死的，也有被零刀碎割的。殺戮的方法，可謂極殘暴的能事。

宮廷貴族的浪費

然與這種大衆困苦相對照的，就是宮廷與貴族的浪費。王室費在當時是很巨大的；一批趨附權勢者，阿諛取容者，冒險投機者，及一切扈從都依賴宮廷與貴族的恩賜爲生活。他們常得到極大的俸給，這是從王室費中支出的，結果是從國庫支出的，沒有一絲一毫不是勞苦人民的血汗。宮廷中約有一千五百個闊人。單是每個王室小孩的女師傅每年的俸給都有一十五萬佛郎，由此可以想見宮廷「揮金如土」之一班。當路易十六(Louis XVI)時代，一個國家祕書，伸訴苦況，說他每年的俸給十六萬佛郎實在不夠，於是馬上獲得四萬佛郎的加俸。總而言之，辛辛苦苦的人民，不免啼飢號寒，受盡政府官吏及警察的壓迫，而一般宮廷貴族及官吏倒反揮霍無度，驕奢淫佚，暴戾恣睢。革命的火焰，怎得不熊熊的燒着呢！

王后干政，財政紊亂

這時候的法國君主路易十六，又是一位軟弱無能的人；差不多王朝一切的大政，都爲王后馬麗安托列特 (Marie Antoinette) 所操縱。王后是奧國皇帝約瑟夫第二(Joseph II)的姊妹；是絕對親奧的人物。因她具有舊時代的驕氣，凡路易十六對於新的改革，無論怎樣微小，總是爲這個頑固的王后所反對；所以這個「奧國婦人」，甚爲法國人民所痛恨。革命時期，巴黎商民繪一隻虎身人面的怪物，將王后的面容嵌在這個怪物的頭部，題爲「奧大利的虎」！亦可見馬麗安托列特之爲國人所痛恨的程度了！路易十六的大臣如毛黑巴(Maurepas)列克爾(Necker)，卡洛列(Calonne)等等，都只知師法暴君汚吏的故智，將法國的財政愈弄愈糟。而重農學派的圖爾角(Turgot)雖曾一度任財政大臣，主張改革財政制度，但終爲宮廷貴族所反對而罷職。此後一暴不如一暴，財政愈爲紊亂，民生更加痛苦。路易十六及宮廷貴族還在日夜宴樂，粉飾太平。像這種主持政治的人物，在人民極度困苦的時候，又怎得不激起暴烈的革命呢？

時代意識的作用

法國舊政治的黑暗，從上面簡約的描寫中，也畫出一個輪廓。老實說，這種舊政治制度在新時代之前已失掉其存在的根據。在舊政治制度下呻吟的人們不可不建立一種新政治制度以代之。要建立一種新政治制度，不可不在頭腦中預定一種新政治制度的模型。所謂「政治制度是反映經濟關係的。但這些反映經濟的政治制度要能實現，必須先以某種觀念形式經過人的頭腦」者是也。法國大革命無疑的宣布了一種新政治制度，這種新政治制度固然有其經濟基礎，同時也可說是時代意識的反映。克魯泡特金說：『兩個大潮流準備了和造成了法國大革命。其一，思想的潮流……其二，行動的潮流……』關於行動的潮流，留待後面敍述，在這裏先將思想的潮流略加說明。不過，像黑格爾（Hegel）一類的人，把思想估價太高，甚至說：『法國革命是思想的一種行爲』，這種意見是不正確的。

福祿特爾

第一個富有新時代意識的是福祿特爾(Voltaire)，他是十八世紀最偉大最光芒的哲人之一。其對舊法國各種批評之中，第一顆致命的彈丸就打在羅馬舊教上面，把教會看做一切壓迫的根源，一切進步的障礙；所以，提出打倒教會特權，取消教會法庭，沒收教會財產，及給與下級僧侶薪金各口號。然由福祿特爾看來，反宗教不過是鬥爭之一部分，他對國家行政問題，亦多所發揮，提出德謨克拉西的全部政綱：消滅佃奴制的殘餘，保證人格的神聖不可侵犯，思想出版自由，取消階級特權，全法國採用一致的立法權，及法庭陪審制等。他向一切東西注射譏諷的鹽水，使法國人變成懷疑派，因此將舊偶象舊權威推翻了。他稱法國人為「一種老虎與猿子」，他要把它們變成人類。他以很大的勇氣與犧牲對舊的殘暴行為宣戰。他用著名的卡拉斯(Calas)案來指摘司法，罵得狗血淋頭。當他的著作被焚燒的時候，他帶着譏諷的態度說：『焚燒不能算作答復呵』！這句話是對的，祇有革命才是他的著作的一種答復。

重農學派

新宇宙觀的闡明者在經濟學範圍內就是重農學派（Physiocrat）—揆內（Quesnay）圖爾角（Turgot）及其他在十八世紀中葉露頭角的經濟學家。法國重農學派處在資本主義比英國落後的環境中，其學說注重資本主義農村經濟的利益超出工業資產階級利益之上。這一派的原理注重個人人格的自由發展，主張自由貿易，國家不干涉經濟行動。他們以農業勞動爲唯一生產的勞動，至於手藝勞動不過將農村經濟的生產品換一個形式而已，不能創造任何新價值；商業也相同，不過祇能交易而已；所以，整個國民經濟都是農業創造出來的。因此，主張一切賦稅的重負應該屬於農業，工商業的稅則當減除，換言之，即是主張給工商業活動以充分的自由。重農學派的理想，在客觀上，促進工業資本主義的發展，幷除去其一切干涉的障礙。

盧梭與民約論

在法國資本主義生產發展的過程中，引起都市及農村居民的貧困，社會愈趨於不平等。在不平等的社會中，便產生了以盧梭（Jean Jacques）爲代表的新學派。他以爲現代社會不平等，使人與人之間互相爭鬥，不平等的原因有二：一是都市文明，自從有了都市以後，人類便陷入不幸的泥坑。他曾說過：『在大都市中沒有道德與眞誠，因爲住在都市的人都容易欺瞞社會，隱蔽自己的行動；又容易利用榮譽去大發其財』。其次，便是土地分配不均，他證明現代社會一切罪惡及不幸的來源是私有財產，會說過，『第一個人忽然想到劃出一塊土地說是我的，並找些頭腦簡單的人去相信他的話。這個人就是社會及人類不幸的創始者』。雖然如此，盧梭實際所要求的，並非完全廢止私有財產，祇要使私有者能得到均衡，就很滿意了。關於政治問題，盧梭可算是一個德謨克拉西的，人權的思想家，他的政治學說，詳見其名著「民約論」(Social Contrat)中。民約論，一譯社會契約說，在一七六二年出版，風行一時，確是當時革命上精神的武器；沒有另外一部書在革命過程中像民約論影響之大。所以拿破崙(Napoleon)以後說：『沒有盧梭，法國就沒有革命』。這句話，固然有些過火，但盧梭給與法國革命的影響，拿破崙是充分了解的。民約論裏有如下的警句：

『凡人生來就是平等的，自從社會上有人對其鄰近用了武力，纔發生不平。人類利用社會契約，創造社會組織，每個人都爭把自己權利的一部分拿出來交給社會，這個社會契約的根本原則，就是一切公民的共同意見；最高政權祇是人民意見的代表機關而已。因此，倘若最高政權錯用了所賦的權利，則人民有推翻這個政府的權利。從另一方面說來，社會契約是爲保護私產，人格，及公民的安全而締結的，如果其中有一點爲其他一點犧牲了，則此社會契約便應重訂，人民有起來革命與反對現存政府的權利』。

這樣嶄新的犀利的學說，在當時黑暗政治之下，其煽動性是很大的。它像大砲一樣，把封建的壁壘打得粉碎。

百科全書派

十八世紀下半期，跟着科學的發展，產出了新的思想家，形成一種新的宇宙觀——唯物論（Materialism）。狄德羅（Diderot），亞蘭伯爾

(D'Alembert)，費爾巴哈(Holbach)等所謂百科全書派即其代表。他們對一切舊的哲學觀點以重新審察及估計，又根據科學的物理機械的宇宙觀，爲唯物論奠下哲學的基礎。他們搜集當時科學所得的材料，編成百科全書，而這百科全書就成了一部科學，藝術，及工藝的字典。因爲書中含有反宗教的性質及發揮自由派的主張，成爲新興資產階級思想的中心，以此引起封建統治的壓迫。「但百科全書愈受壓迫，則對於革命前發酵狀態之第三等級分子的吸引力就愈加强大。據巴爾比厄(Barbier)說，當時所有小店主與小販也都閱讀百科全書，甚至焚毀這種「叛逆」書籍的貴族，因其本階級思想破產的關係，自己也接受百科全書的思想。這一部在國外出版的著作，大批的輸送到法國來；但凡落到政府手裏的都被拿到議院階前焚毀了。據當時人所證明，十八世紀六十年代，議會中議員。口頭上不僅要焚書，而且要逮捕書的著作者，事實上都搜集這些危險的著作家之著作藏在自己的藏書樓裏，而將檔案中舊紙焚毀以掩人耳目，(見Zouslitch所著作 Voltaire)其實，百科全書內容是複雜，晦澀和動搖的，並不像一些歷史家所說是革命的旗幟。假使眞有什麽旗幟的話，只有費爾巴哈所著的自然界系統足以當之而無愧。此書說明一切東西，都是物質與運動，而達到無神論（Atheism）。亞爾伯爾閱讀自然界系統時，高叫道：『這是一本可怕的書』！在此書出版一百年之後，黑特涅爾(Hettner)說：『自然界系統一書引起整個受教育的社會驚奇和恐怖』。因爲讀者在此書裏已經可以領略卽將來的革命之嗅味。

思想與行動的統一

至於行動的潮流，一是英國光榮革命的成功，一是美國獨立運動的勝利，結予法國人以極大的刺激。尤其是有一大批抱有自由思想的法國人跑往北美洲，投入當時崇拜的革命將軍華盛頓之麾下，在這些人中有許多是後來在法國革命中的著名人物。的確，美國獨立的警鐘，首先把法國的中等階級敲醒了。所有這些影響匯合起來，便湧出法國大革命的怒潮，這種怒潮是人們早已料及的。社會雰圍氣中充滿新的觀念，大家的脈搏中都有改革的聲息在內震動着。人們已經看見過革命，大家的思想是與革命相習的。於是思想與行動統一起來，而法國專制主義就不得不在羣衆怒吼之前崩裂了。

第三節　從三級會議到巴黎革命

三級會議召集的由來

法國的「三級會議」(States-Gengeral)自從一六一五年以後，未會召集過。所謂會議，只是僧侶（第一等級）與貴族（第二等級）所把持的機關。第三等級的人民從資本家到農民，當然是極端憤慨的。恰巧一七八八至一七八九年，法國的財政大臣列克爾鑒於財政的困難，想向貴族和敎會的地產徵收稅金，於是又建議於路易十六，定期召集三級會議，以解決稅收問題。可是照從前三級會議的辦法，三個等級的代表人數相等，貴族僧侶聯合起來占絕大多數，新稅則一定通不過。列克爾乃主張將第三等級的代表人數加倍，並主張依人數來表決各議案。此項主張，卒爲議會及所謂「名人會議」所反對，未能實現。

不過，召集三級會議以解決財政困難，却爲當時法國一致的要求。於是議會乃決定。於一七八九年四月二十七日召集三級會議，全國歡聲雷動，大家覺得一個新時代正在孕育之中。

同床異夢的三級會議

依當時三級會議的組織，會議代表額共爲一千二百十四名，內中貴族僧侶和第三等級各佔三分之一。貴族與僧侶可以直接選擧代表，第三等級則用間接選擧法的，即先選擧投票的代表，再有投票的代表去選擧會議的代表。城市中第三等級的代表選擧，以行會爲單位，也有以市區爲單位的。凡有職位，學位，職業或老闆證書的人卽有選擧資格；又凡呈出稅單證明每年納稅至少六佛郞的人，也有選擧的資格。夠不上這種資格的工農大都被這個規定剝去了選擧權。所以第三等級的代表，結果都落到資本家的手中。三級會議選擧的全部的結果，計貴族中選出二百四十二個宮廷貴族和鄉間貴族，又二十八個官僚貴族；僧侶的代表中，有四十八個大主教和主教，三十五個修道院院長和首席牧師，二百另八個牧師；第三等級的代表有兩個下級僧侶，十二個革命的貴族，十八個市議員，一百個中等階級的官吏，二百十二個律師，十六個醫生，二百六十個商人及自由農民（包括小地主與自耕農）。依照這個數字，可見一七八九年時代法國第三等級的勢力之優越了。正如息葉斯（A. Sieyes）所說：『第三等級是一無所有，其前途怎樣呢？一切都是它的』！法蘭西全國對於這個三級會議都具有無窮的希望。君主政體夢想站在新創的國家根本法的基礎上來作主張，一有機會，再行推翻這種法律；貴族與僧侶希望由這個會議動搖不定的表決中去拯救他們的特權；市民希望獲得身體的自由和財產的安全，手工業者與工人希望解除警察的壓迫，獲得較好的業務；農民希望解除可怕的課稅壓迫與賦役義務，並且脫離奴隸關係，當全法國在這種希望與恐懼的風潮中震盪之際，三級會議卽於一七八九年五月五日在凡爾賽集合了。當時指定凡爾賽爲會場是有深意的，老實說：就是政府不願意三級會議受到波濤險惡的巴黎之影響。

國民會議

政府對三級會議中每一級設置一個特別的會場。第三等級代表的人數最多，所以將公共會場指定給他們開會。這種本來無關重要的事却被第三等級以巧妙的手段利用了。它邀請其餘兩級代表在公共會場中從事選舉的審查，這種共同審查選舉的要求雖完全是對的，但盛氣凌人的特權代表却置之不理。三級間的談判沒有結果，因循復因循，差不多虛度了六個星期，還沒有開過一次會議，著名的學者擺伊（Bailly），此時已被選爲公共會場會議（即第三等級的會議）的議長，他和息葉斯明白看出，要恢復會議的統一，實行依照人數的表決，必須有一種澈底的舉動。同事一大批下級僧侶的代表也允許和公共會場的代表結合，因爲他們的經濟利益是和第三等級人民的利益相同，所以和第三等級的代表表示同情。一七八九年六月十七日，第三等級代表，即有一個決絕的步驟。他們依照息葉斯的提議，以四百九十一票對九十票的絕對大多數議決，在公共會場集會的代表，是法蘭西全國的代表，特命名爲「國民會議」（National Ass embly）。他們又議决只有國民會議才具有認可徵稅的權限；後又議决，在國民會議對法國新改造能夠沒有障礙的進行時，國家債務在法國國民正義的感覺之下，是仍舊存在不致動搖的。這些議决案，非常聰明，他們竟能將國家債權人的利益和國民會議的存在結合在一起了。

民衆的擁護與統治者的壓迫

法國民衆現在畢竟看見一種有聲有色的事實，他們對於第三等級的代表大喝其采，因此使代表覺得民衆的勢力是站在他們後面。宮廷和特權階級對於第三等級這種勇敢的舉動，呆若木鷄，不知所措！君主爲貴族僧侶和巴黎議會所包圍，出而干涉第三等級。列克爾勸告君主應當集合三級的代表，宣佈第三等級的議决案爲無效，但允許幾種改革，並且以「再行反抗卽予解散」去恐嚇第三等級的代表者。君主的步驟是由享特權者確定的；可是局勢的變化却和宮廷與享特權者的願望相違，自從第一等級代表中的下級僧侶之大多數决議參加國民會議以後，第三等級的勢燄爲之一張。宮廷相信必須防止這種參加，一直到君主出席三級會議，消滅中等階級賤民——這是貴族的用語——的驕氣爲止。這種强制行動用了一種可笑的話做口實，就是說，公共會場要佈置「君主會」，國民會議必須延期開會，這椿事是由高級儀禮官布黑塞 (Dreux-Breze) 伯爵用一種短文書於六月二十日早晨向議長擺伊報告的。擺伊馬上用一種短文書回答道，他沒有接到君主的命令，他對高級儀禮官的指示不能遵從。當各代表來出席會議時，只見會場鎖閉，外面站着兵士，命他們回去。這是君主與宮廷貴族開始壓迫國民會議的第一聲。

然各代表並不因這種武力的壓迫而表現沮喪的神氣，他們立即決定依照潴約膽 (Guillotin) 博士的提議，前往本市網球場集合。這個網球場有一個爲打球而設的大廳，內中並無木器，一般被武力壓迫的代表即羣集於此。他們必須站着討論一切，他們尋着凳子，站在上面作激昂的演說。有人提議大家到巴黎去，依賴巴黎人民的保護。但穆尼哀 (Mounier) 提議，這個會議

網球場宣誓

應當宣誓，非至人民所迫切需要的憲法出現，不得離散。此會議看見刀臨頭上，爲當時的義憤所激，一致贊成穆尼哀的提議。於是議長擺伊站在一把椅子上，對於集合的代表作下列的宣誓道：

「我誓不離開你們，我跟着你們到一切爲情勢所許的地方集合，一直到君主國的憲法成立，根基穩固爲止。」

這個會議在如火如荼的熱忱中，舉手作這種可紀念的宣誓。六百個代表異口同聲的叫道：「我們都以此自誓」！一般站在網球場外面的民衆用洪大的呼聲，喊出「國民會議萬歲」的口號來報答這種誓約。代表即刻決定爲團結力量起見，每人應簽名於誓約上，只有一個代表——一位民法學家——提出抗議，第三級的代表，只有一個和人民的希望不同。後來，國民會議在聖路易教堂集合，僧侶的代表，有一百四十九名參加會議。所以國民會議的勢力，因它的決心而增加了。網球場宣誓，就是在全法國的國民中毁滅了舊專制主義的權威，表示了第三等級革命的力量。這卽是說：第三等級恭順的時期已經過去了。

緊急時期的密哈博

路易十六此時還想拿出君主的威權去壓迫革命的勢力。他竟於六月二十三日帶着儀仗衞兵盛服出席於三級會議的大會場，第三等級的代表享以閉門羹，他們在大雨中站了好些時候，才得由旁門入場。路易十六在會中大罵各級代表分裂的罪惡，並宣佈第三等級的議決案，卽國民會議的議決案，爲無效。同時也用一點甜言蜜語去欺哄第三等級的代表，可是對於特權階級的利益，仍舊是極力維護的。最後，他竟用十分驕傲的口氣說道：「我命令你們卽刻散開去，明天各出席於指定給各級的會場中！」自君主離開會場以後，貴族與高級僧侶卽遵命退出，但一般組成國民會議的代表却坐着不動。他們決定不屈服於專制主義之下。人民代表這樣的默不發言，實甚於多言的討論，然在寂靜之中，忽有一個人發出一種有力的聲音，爲這次革命中蟬聯不絕的轟轟烈烈的現象之先導。此人就是密哈博（Mirabeau）這位密哈博本是一位貴族的兒子，因爲受了法國十八世紀哲學的影響，曾著書作文以反對專制主義，被政府下令逮捕，囚入牢獄。貴族非常痛恨這個階級的叛徒，但第三等級却很歡迎他。他出牢獄以後，就脫離貴族的生活，在巴黎開一個布店，加入第三等級的隊伍；所以被選爲第三等級的代表。他對於那長久將他囚於牢獄中的專制主義及壓迫他的貴族，充滿了報復的意志。密哈博具有一個完全政治家的頭腦和第一等的政治天才，並且爲最善辭令的演說家，他當時恰是四十歲，這個年富力强的人，痲子滿面，姿勢粗蠻，性情激烈，他的譏諷，非常可怕，他的聲音，非常洪大，君主與貴族聽見他的攻擊言辭，都爲之發抖。他說君主對於這個會議沒有說出什麼東西；並且專制主義的恩物是時時危險的。他以很激昂的語氣，叫大家念着網球場的宣誓。當這時候，那不幸的高級儀禮官走進會場，問議長擺伊是否聽見君主的命令。擺伊回答本會議必須首先討論此事。密哈博於是起而反對這個廷臣，他說高級儀禮官沒有權力在會議中發言，並且高聲叫道：「我們集在此處，是出於人民的意志，只有槍的力量可以驅散我們！你把這一句話告訴你們的君主！」會場登時掌聲雷動，迫得這位儀禮官只好退轉去。不一刻，軍隊就開到了，可是兵士的槍，並沒有取攻勢，因爲巴黎的人民，站在國民代表的後面。當高級儀禮官將密哈博的話告訴路易十六時，他一時竟喪了勇氣，遂向儀禮官說道，「第三等級的各位旣不願離開會場，他們可以停留在裏面。」他們停留在裏面，硬要獲得制定憲法的權力，他們已經是一個制憲會議了。同時四十七個貴族議員在阿里安（Orleans）公爵領導之下，加入國民會議。使君主及宮廷尤其感覺不安，於是暗中極力準備用武力强迫他們承認政府的財政計劃，最後則擬用武力驅散他們。不料巴黎革命的狂潮便從此洶湧澎湃了！

巴黎市民奪取武器

宮廷對於人民代表擬舉行的政變的預備手段，馬上就顯明出來了。政府令軍隊在巴黎和凡爾賽集合，這種軍隊大部分都是外國人，因爲政府怕法國軍隊靠不住，這種軍隊的統率者，是一位極殘暴的貴族大將，叫做布霍格列阿(Broglio)。三萬兵士已經包圍了首都，還有二萬人正在集合。密哈博提議派代表向君主要求撤退軍隊，路易十六對此項要求拒不承認，他說此項軍隊是「保護」會議的。並且說，假如會議的代表既不放心，它可以遷往索桑(Soissons)或安約(Anjou)去。於是政府對於國民會議的陰謀便暴露無遺了。巴黎的人民，自從知道宮廷預備從事政變後，益發火上加油憤不可遏。他們大批的擁入各公共場所，一般工人擁擠於街市上，中等階級的代表則出現於市政廳。有許多人站在桌上或凳上演講時局的情形，無不憤恨君主與貴族的專制，革命的感情，可以說達到沸點了。恰巧宮廷將列克爾免職，以爲他暗中和人民聯合，因此更引起人民的不平。在阿里安公爵所開放的王家花園中，幾千羣衆都非常的激昂。有一個青年律師德斯冒靈(Camilli Desmoulins)從恐懼與憤怒交加的羣衆中擠出來，手裏拿着一枝手槍站在桌上叫道：「國民啊！時機已到，不可失…………一切德意志和瑞士的軍隊將於這一晚從演武場到法國來屠殺我們。我們還只剩着一條生路：

我們去拿軍器罷！』羣衆異口同聲的喝采，大家都跑到街上大呼拿軍器。有人從一個商店中取出阿里安公爵和列克爾的半身像，蜂擁着向路易十五草場走去。當大家將此等像掛在德巴立的愛人之像上時，蘭伯斯克（Lambesc）貴爵帶着王家龍騎德意志軍隊出來了。這個粗笨的軍人竟命他的騎兵握出武器向羣衆作一次衝鋒，因此有許多民衆不是被刀砍倒了，就是被馬踏傷了。沒有武裝的羣衆此時異常憤怒大呼拿武器往街上去！市政廳選舉人聯合會便打開該處的軍裝庫讓人民攜取武器，同時製造武器的匠人與販賣武器的商人都將他們的武器交出來，於是巴黎人民大都自動武裝起來了。革命的火焰，已在熊熊地飛揚着！

護衛軍與民衆聯合

法國的護衛軍也和革命的民衆站在一條戰線上：因爲民衆曾經將好些被羈押在修道院中的護衛兵釋放了。政府用王家龍騎德意志軍隊去監視護衛軍，更引起護衛軍的憤恨，於是首先開槍打死許多龍騎兵，立即集合在路易十五草場，和革命的民衆聯合去抵抗從馬斯費爾德（Marsfield）方面來的軍隊。在馬斯費爾德指揮的伯桑瓦爾（Besenval）固然是揮軍前進，但他不能逼迫他的軍隊向護衞軍施行攻擊，而且他的軍隊中有許多部分投入民衆方面，因此又退到馬斯費爾德。當時民衆的憤怒，發洩在君主的徵稅機關上面，這些機關和稅關防線，都被搗毀了。

組織國民軍

到了七月十三日早晨，各處的警鐘齊鳴，一般人民擁擠在街上搜尋武器。市政廳選舉人會議所設立的委員會命令組織國民軍，一共集合了四萬八千人。但因槍枝不夠，委員會卽命製造五萬枝長矛，這些武器是一個令人不能相信的短時間內做成的，可見巴黎民衆對於革命運動的熱烈。這一天革命的民衆並沒有遇着襲擊，因爲伯桑瓦爾不敢信任他的軍隊，正等待援軍。國民會議在這種强有力的後盾保護之下，態度更爲堅決，除了宣佈它爲永久的組織外，並向政府嚴辭的要求撤退軍隊，將禍患的責任，都加在一般蒙蔽君主的貴族議員與宮廷策士的身上。宮廷仍然調集軍隊，以爲軍隊的勢力增厚，便可將巴黎的革命風潮鎮壓下去。換言之，至死不悔的統治者全靠槍枝作護身符，不料這一回槍枝已失去它的力量了！

攻下巴士提爾獄

至七月十四日，各處的警鐘又響了。一般搜尋武器的人民在病院的地下室中發見三萬枝槍和一批大砲刀劍等等。民衆即用此等武器自動武裝起來。而前城之工人更爲激昂，由一個啤酒釀造者山德黑(Santerre)統率着，和護衛軍互取聯絡。配上武裝的羣衆都精神奮發，躍躍欲試，而惟一的目標，便是表現專制主義最顯明的巴士提爾獄。七月十四日下午即有「往巴士提爾！往巴士提爾！」的呼聲出現於巴黎各街市。巴士提爾是巴黎城中一個保壘，建於十四世紀末年，是有八個一百尺高的巨大牢獄而成，並且用九尺厚的牆連結起來。牆的周圍，又造成一條二十五尺深的大溝，因此要經過一條大吊橋才能到獄內。當七月十四日，共有八十八個老兵和三十三個瑞士兵駐守此獄。宮廷這個牢獄，絕沒有料到民衆首先會攻奪它，所以沒有增加駐兵。當武裝民衆達到巴士提爾溝外時，守軍已將吊橋收起，準備防禦。民衆中有二位勇敢的人，一個是巡士哀利（Elie）一個是鐘錶匠荷靈（Hullin）他們用斧頭砍斷吊橋的鉄鍊，使吊橋跌落下來，民衆便擁過吊橋，撞擊大門。於是監獄官令兵士開槍並准備大砲轟擊，結果，民衆死傷無數，退出吊橋，而以保壘爲屏障的兵士絲毫未受損傷。不一刻，市政廳的選舉人委員會派代表到巴士提爾開談判，因監獄官强硬，沒有結果；於是民衆又作第二次的攻擊，同時革命護衛軍也挾着大砲來了，他是開砲向巴士提爾轟擊，守獄的兵士總畏縮起來，豎起白旗投降，放下吊橋，從此巴士提爾獄便爲巴黎革命民衆，以流血的犧牲而攻下了！無辜被囚的幾萬民衆，都被釋放了！這正是一七八九年七月十四日的晚間五時，也就是法蘭西共和國的國慶紀念日！

路易十六的屈伏

民衆在攻下巴士提爾之後，對於駐守兵的生命加以保全，但下令殺死民衆數百人的監獄官和司令官却被民衆打死，將首級掛在長矛上面示衆。當一部分民衆在勝利的歡呼破壞了專制主義的牢獄之時，巴黎大部民衆正預備抵抗從馬斯費爾德來進攻的軍隊。這個革命首都，幾乎和軍營一樣，各處的警鐘撞個不住，造子彈，製戈矛，除去街上所補的磚石，堆積防禦物，大家忙個不休！國民軍更是全副武裝，等待鬥爭之開始。結果，軍隊的攻擊又沒有出現；因為路易十六已喪失勇氣了。他一聽着里安谷(Lian Court)公爵保告「這是民衆的革命」以後，便立卽命令軍隊撤退，君主與公廷都爲巴黎的武裝民衆的實力所壓服了！國民會議的代表於七月十四夜間都留在議場，沒有散會，他們非常的興奮。那位懦弱無能的路易十六僅攜同兄弟二人於十五日出席國民會議，他此刻視國民會議代表爲正眞代表全體國民的了，他宣言與國民一致，最後並用極有感情的聲調呼道：「我的人民的代表，我信賴你們！」大多數的國民會議代表對於這位可憐的君主，突然又原諒起來。於是革命勢力與君主妥協的事情，便由此發生。巴黎改爲自治市，當六十區代表選舉市長，並在市長之下，設立一個三十名議員的公社會議。第一任的巴黎市長，就是國民會議的議長攏伊。同時國民軍正式由政府認可，選辣斐德爲總司令。國民軍用紅白藍三色爲標誌，表示自由平等博愛的意義。君主也接受了這個「三色」，當着民衆的面前，把三色帽章插在自己帽上，以迎合民衆的心理。被罷免的列克爾也召回來組織他的第三次內閣：人民初本歡迎他，後來因爲他赦免反動的伯桑瓦爾等人，又爲人民所憤恨。法國革命狂潮既起，雖然暫時平靜了，但不久仍要激起巨浪。

第四節　人權宣言與一七九一年的憲法

七月十四日革命，引起法蘭西全國一種絕大的興奮，一切城市都自動的制定城市法，選舉市議員，編練國民軍，所有的行動，都以巴黎爲模範。一般農民以七月十四日巴士提爾獄的攻下，爲封建賦役解放的記號。乘時崛起的農民，對待他的壓迫者，非常殘酷。凡貴族的宅地及教士的修道院與住宅都被圍攻或毀滅。此等宅第和修道院被他們放火焚燒，法蘭西的天上由夜間的大

八月四日之夜

火映着，變成紅色，常至數星期之久。國民會議得着農民暴動的消息以後，卽於八月四日夜間召集緊急會議，討論應付的方法。有一位代表洛葉(Noailles)子爵首先作一種光明燦爛的演說，他表明此刻對於暴動的農民不能依照平常的方法用武力鎭壓下去。大家必須剷除那些引起人民暴動的不正當行爲。他於是提議取消一切封建權利，並且立卽用他的選舉人的名義宣佈毁棄他的封建權利。全場的人對於他喝采稱讚，歡聲雷動。同時有一位布列讀尼(Bretagne)的一個地主克恆加爾(Leguen de Kerengal)也依照洛葉的榜樣起而發言，聲述賦役制度的弊病，提議剷除這種制度。這個會議的感情興奮，如醉如狂，享特權者爭相毁棄特權，而大多數「第三等級」的代表，都極力替農民向享特權者威逼，所以到半夜的時候，一切舊的特權都被剷除了。據墨林(F.Mehring)的計算，這一晚上貴族所拋棄的特權，爲數不下一百五十種。當此案公佈的時候，人民非常的歡欣鼓舞，於是他們便爭先恐後的送了許多金銀財寶給國民會議作費用，表示擁護的意思。因此，封建制度的崩潰，在舊法國與新法國之間畫了一條嚴明的界線。

人權宣言

國民會議在農民暴動停止之後，又議決一種人權宣言。這種宣言，是先於憲法而出現的，並且是以優美和明白的形式，表現自然的與國民的人權。為使徹底了解當國民會議對於革命的貢獻起見，特將該宣言的內容介紹出來：

「一，人類自由的，他們在權利上生而平等。

「二，一切國民結合的目的，是在保持自然的和不可磨滅的人權。此等人權為：自由，財產，安當和反抗壓迫。

「三，一切主權的源泉，首為國民。如果不明白受國民的領導，沒有一個團體，也沒有一個私人能夠有所作為。

「四，自由是指一個人施以不妨害他人的事都可以做去；所以每個人行使自然權時，除掉保證其他社會成員得享同一權利之外，沒有別項限制。此等限制，只能由法律規定。

「五，法律只可對於有害社會的行爲加以禁止。凡非法律所禁止的事件，不得加以阻礙；凡非法律所命令的事件，不得强迫履行。

「六，法律是普遍意志的表現。一切國民對於制定法律，都有親自參加或委託全權代表參加的權利無論是保護或是懲罰，一切人都係一律待遇。國民在法律的眼中既是一律平等，他們對於一切公共的榮譽，位置，和職務，都得按照他們的才力作同樣的進攻。除掉他們自己的德行才幹能夠分別差異以外。沒有其他的區別。

「七，除掉依照法律所規定的事件和法律所規定的形式外，無論何人不受控告逮捕或監禁的處分。凡要求，發佈，執行，或命令執行專擅的命令的人，必須受懲罰；但每一個國民如爲法律所要求和强制，暫時必須服從：他如圖抵抗，當受懲罰。

「八，法律除掉意義最嚴正的和顯然必要的懲罰外，不得有其他懲罰；除掉依照在犯罪前公佈週知的並即刻在一切形式中應用的法律外，不得懲罰任何人。

「九，每個人非至應受懲罰的事件業經證實，當被視爲無罪，所以當任何人因萬不得已，必須受逮捕之時，凡因看管他對於他的身體所加的一切非必要的嚴厲手段，是絕非法律所許可的。

「十，一個人所宣佈的意見或宗敎的信仰，如果不危害法律所造成的秩序時，對於他不得因他的意見或宗敎而加以妨害。

「十一，自由發表思想和意見，是最寶貴的人權之一種；每個國民可以自由發言，自由著作，自由印刷；不過他對於濫用這種自由，於法律所禁止的事件上當負責任。

「十二，爲保障人權和國民權起見，需要一種公開的權力。這種權力，是爲着一切人的幸福而建立的，不是爲着行使此項權力的人的特別利益而建立的。

「十三，爲維持公共的權力和支付管理的費用起見，一種公共的納稅是絕對必要的。這種納稅，是以國民的財產爲標準，平均分配於一切國民。

「十四，一切國民，都有權力親自參加或由全權代表參加決定公共納稅的必要而自由認可這種納稅，監督它的用途，並且確定每個人應繳納的分子和稅額及徵收時期等等。

「十五，社會有要求每個公家官吏宣布他的管理中賬目的權利。

「十六，在一個社會中，如果各種權利沒有保障，全權的劃分沒有確定，這個社會卽沒有憲法可言。

「十七，財產旣是一種神聖不可侵犯的權利，所以除掉爲正當證明的公共必要事件而以如數賠償爲條件得强取私人的財產外，任何人的財產，不得被剝奪」。

這個宣言，是歐洲政治史中最重要的文字。在它美麗的辭句中，隱約的表現國民會議的代表對於全體國民的利益作了相當的保障，這個宣言一經公佈之後，全法國各階級的民衆一致歡迎它。就是因爲法國民衆，在摧毀專制主義及特權勢力兩大旗幟之下，都站在同一的戰線上；而代表這個新民主勢力的人權宣言，自然要受各階級民衆的歡迎了。

路易十六被迫遷至巴黎

自從國民會議議決人權宣言以後，法王路易十六優柔寡斷，不予立卽批准，以致巴黎的民衆識破了宮廷對於革命政權的仇視，而國民會議的左派人員更決定運動巴黎的革命民衆及國民軍，用武力迫法王遷屯巴黎，使宮廷受革命勢力的包圍，不致再有陰謀出現。正在這個時候，凡爾賽宮大開宴會，路易十六和王后太子均列席，席間有的高談闊論，有的猜拳行令，有的拔劍亂舞，似乎對於人民渴望的人權宣言，沒有批准的必要，也沒有介意的必要。尤其是那忠於王室的軍官，在宴會中抛棄藍白紅的帽章，換上白的帽章，以表示反對革命的意思，更激起革命民衆的反感。當十月五日早晨，巴黎的婦女得不到麵包，愈集愈多，軍警也不能加以驅逐，一個青年姑娘從一個守望的地方取出一面鼓，一邊擊鼓，一邊大呼「麵包！麵包！」忽然齊集了數萬婦女，都散髮赤足，各執武器。同時有一位攻巴士提爾獄出名的勇敢男子梅耶(Maillard)帶領一大批男子參加進去，一齊往凡爾賽去要求路易十六遷到巴黎，解決麵包問題。同時國民軍也要求辣斐德將軍統領他們到凡爾賽去，和婦女們取一致的行動。辣斐德初不允許，有一位兵士便憤憤說道：「將軍，你不要欺騙我們！我們不願意向婦女使用武器，但願將君主接到我們的中間來，因此我們好確切知道他的意見」。辣斐德知軍心已變，祇好統率他們到凡爾賽去。當巴黎的武裝婦女在凡爾賽宮門外騷動的時候，宮廷禁衛軍曾出來干涉，以致發生流血慘劇。但因國民軍幫助這些請願的婦女，禁衛軍纔退入宮內。後來經過婦女代表的請願，武裝婦女及國民軍衝入王宮殺死好些禁衛軍，纔將路易十六屈服，立即允許遷至巴黎。路易十六遷至巴黎以後，便四面受革命勢力的包圍，已失發號施令的權力，差不多等於監禁的樣子。國民會議也於此時遷至巴黎，受革命勢力的保護。在這個時期，可以說革命的政權已很堅固的樹立起來了。

黨派與俱樂部

國民會議遷到巴黎，即開始一種新的政治生活，各種黨派的分野愈加鮮明。約而言之，可分四派：一是極右派，主張君主專制，稱爲王黨。其中有高級僧侶的代表，及新近害怕第三等級革命的危險而轉向反革命方面去各省貴族的代表。這一派的政綱，就是保存第一第二等級的特權與擁護國王權力的神聖。二是同情于兩院制之溫和的右派，其中代表有高等自由主義的貴族，高級官吏，銀行家，承辦宮廷貨物的工業家，與承辦國家賦稅的財政家。他們在「君主立憲黨之友」的俱樂部之下結合起來。三是自由主義派，卽中央黨，其代表有自由主義的大資本家及一部分工商業家（中等資產階級）在國民會議中占大多數，以密哈博爲領袖，他們要求以財產爲根據的憲法，對國王的權力加以限制。這一派屬于「一七八九年俱樂部」，因俱樂部設在火伊兒寺院中，故又叫火伊兒派（Feuillant）。四是左派，分子頗複雜，其中有一部分傾向民主，以律師羅伯斯庇爾（Robespierre）爲領袖，農民，手工業者，小商人及工人皆以羅伯斯庇爾爲自己利益的保護者。這一派代表坐在會場左邊最高的議席上，因此被稱爲山嶽黨(Mountains)。其在政治行動方面，依靠于雅各賓（Jacobin）寺院的俱樂部，故亦稱雅各賓派（Jacobiner）。它在法國各城市中都有支部，構成籠罩全國的組織，支部在當地革命行動中，曾起過很大的作用。此外，由下層民衆所結合的，則有科德利（Cordeliers）俱樂部，其目的在以政治知識敎育巴黎的下層民衆，如手工業者與工人等，最受民衆歡迎的演說家丹塘（Danton）卽其領袖。

聯合戰線破裂

至一七九一年六月二十日夜間，路易十六受了左右的慫恿，逃出巴黎，預備到蒙特默笛（Montmedy）去，從事反革命的爭鬥。不料中途被一個郵務長率領民衆截住了，仍舊把他送回巴黎，監禁於舊宮。路易十六這一次的逃亡，引起一種眞正共和主義的運動。國民會議中的極左派主張廢除君主，建設共和。不過火伊兒派的勢力很大，竟於一七九一年七月十六日使君主復位，辣斐德統帶他的國民軍驅逐圍繞國民會議議場的民衆。在同一日中，雅各賓俱樂部預備一種請願書，要求廢除君主。七月十七日有大批的羣衆在馬斯費爾德向請願書簽名。馬斯費爾德場上的民衆大呼「驅逐波哈鎊（Bourbon）朝人！解散國民會議」！因爲現在的國民會議爲右派及中央派所把持，迷戀着「君主的恩惠」！當馬斯費爾德發生騷動之時，擺伊市長派來許多警察，辣斐德帶領兩隊國民軍來場鎭壓。擺伊到場的時候，卽要求民衆散去，民衆不肯，於是國民軍兵士開槍示威，民衆仍不散去，而且用石子來回擊，於是屠殺的慘案便發生了！手無寸鐵的民衆，竟被國民軍用密集的槍彈殺死幾百人：以前參加革命的國民軍，現在竟和革命民衆爲敵了！以前受民衆擁護的擺伊，現在竟用武力壓迫民衆了！可見法國革命發展到新的階段，革命的聯合戰線卽行破裂了！

一七九一年的憲法

第三等級的代表爲了廢棄君主與擁護君主既發生過流血的爭鬥，手是手握槍桿的資本家，便想在君主立憲的制度之上，建立他們的新政權。他們在憲法中明白承認法蘭西君主的尊號和不可侵犯，想藉此表示立憲君主政體的性質是最高的，以此與專制君主政體相抗；同時他們又將君主與貴族及僧侶的特權剷除，而擴充自己的權力。他們所議決的選舉法，將法國的男性國民分爲兩級，一級爲「積極國民」，另一級爲「消極國民」。凡年滿二十五歲並年納三佛郎稅的人叫做積極國民；其它不納稅的人叫做消極國民。只有極積國民才有選舉權；至于被選舉權，限制更厲害，必須有一百五十至四百佛郎價値的地產。左派對於這種選舉法，大施攻擊，但沒有效果。德斯冒蘭說得對，『積極國民的意義所包含的東西完全是虛僞的。因爲就這種含義講，這個收利坐食的人是一個積極國民，而勞苦的農夫及工人，因爲沒有付出三個佛郎的稅，便是一個消極國民，享不到政治上的權利』。這不明明白白是資本家排擠勞動者於政權之外麽！

國民會議的工作既經告終，牠遂於一七九一年九月三日將憲法完成了，並且經君主批准了。這種憲法使法國變爲一個立憲君主國，再正確些說，即使法國變爲一個半民主主義的立憲國。因爲一切立法的權力，都在由納稅的國民所選舉的國民會議的手中。君主是不可侵犯的，國家是當一個責任內閣管理的。君主只有一種遷延的否決權。他是海陸軍大元帥，但當他宣戰媾和之時，須得到國民會議的同意。國民會議具有大赦的權限。憲法予國民以法律面前的平等——在許多方面，這種平等並不存在——出版自由，身體自由，財產和名譽的保護，這些東西是在這部憲法之內實現的。這種憲法對於有體面的中等階級適相脗合，對於資本家便是一樁大喜事，因爲它確定了職業自由。民衆固然感覺到剷除封建制度的大進步，但他們對于這種憲法的熱忱，遠不及資本家，因爲他們在憲法中找不到他們經濟利益的保證。這些民衆因法律和例外的決定，覺得又受新壓迫；這種壓迫，是國民會議對這些民衆所創造的，而憲法上美麗的言辭，都變成了空話。

掌握政權的資本家

國民會議自從完成這部憲法以後，便以爲革命告終了；資本家此刻相信已經達到適合於它的歷史使命的國家組織了：因爲它現在已經要將國家形成一種工具，去達到促進其自身利益的目的。它在志得意滿之餘，要表示豁達大度的樣子，依照辣斐德的提議。大赦政治犯。路易十六于九月十四日出席國民會議，並再行宣誓遵守憲法。國民會議便於九月三十日宣佈解散。當會議解散之時，代表們受盡了民衆的譏諷和怒罵！只有羅伯斯庇爾一派主張共和民主主義的人，退出會議時受民衆的歡迎。有體面的資本家因這種新憲法，變成了統治階級，而窮苦的勞動者，則由這種憲法重降到被統治的地位。以前因爲摧毀專制主義及封建特權，尤其是因爲必須組織武力以與宮廷的軍隊對抗，資本家的軍事勢力已經由辣斐德完成了，資本家已經切實掌握了政權，爲保障自已的經濟利益起見，祇有加强對於勞動的搾取；因此也祇有穩固自己手中的强制工具——政府——以鎭壓那些被搾取者。新憲法的完成，即顯示法蘭西國家的形式，已走向近代資本主義代議國家的路上來了。

第五節　立法會議與國民會議

制定憲法的國民會議閉幕以後，根據憲法所召集的立法會議於一七九一年十月一日開會。議員共七百五十四人。其中分爲左右二派；右派中又細別爲王黨和火伊見派；左派又細分爲羅蘭(Roland)所領導的隙風黨(Girondists)和羅伯斯庇爾所領導的山嶽黨。右派主張君主立憲，左派則主張民主共和，因此開會的時候，各執己見，常常發生衝突。但右派的勢力很微弱，所以會

立法會議中的黨派

議的大權，幾乎完全握在左派手中。而羅伯斯庇爾又組織雅各賓俱樂部於各處，時時集會演說，或散播傳單雜誌報章，公開表示他們所主張的建設自由平等博愛的新國以代昔日君主的專制僧侶的詐僞和貴族的驕橫，以鼓動民心。這些議論影響於會議的進行很大，因此會外運動的勢力，反勝過會內，而革命進行的速度，就比以前更爲勇猛。

反動派與短褲黨內鬨

立法會議因逃亡在外的貴族有種種叛國的陰謀，便下令限他們於一七九二年一月一日以前返國，不服從者即認爲「叛國犯」，而處他們以死刑，沒收其財產。同時立法會議因僧侶藐視新法，抗不宣誓者很多，復議決令僧侶於一週內宣誓，不服從者即認爲「嫌疑犯」，予以革職的處分。然而遵令者仍屬少數，因於同年五月更下令驅逐違法的僧侶於國外。這樣一來，反革命派就逐漸增多。這般亡命者要在法國的邊界上組織六萬人的武力，企圖推翻一七八九年後的革命政權，一致擁護宮廷。他們都忽視了法國革命民衆的抵抗力。立法會議採取積極的防禦手段，而且向君主及宮廷威脅。君主現在受環境的壓迫，覺得他如果要和立法會議相安無事，他必須從隙風黨中選擇他的大臣，新政府的總揆是渚膜黑（Dumouriez），他兼任外交，是一個超然派。隙風黨的領袖羅蘭則任內務，他的夫人——隙風黨的靈魂——因爲他們的關係也加入政府中，馬哈特（Marat）稱他爲其夫人的廚役。日內瓦人克拉威黑（Claviere）任財政，塞黑汪（Servan）任軍務，渚哈塘（Duranthon）任司法，拿可斯特（Lacoste）任市長，後列兩人都是隙風黨的信徒。大家稱這個政府爲「短褲黨內閣」，一班貴族以此嘲笑政府的平民性，但同時也是指羅蘭夫人的。這個隙風黨的內閣，以立法會議爲後盾，也爲新政權盡了不少的力量。

法國對奧宣戰

法國革命風潮漸趨擴大之際，普魯士和奧大利兩國的君主，恐革命的風潮把自己也捲入漩渦中去，民衆起來革命，遂聯名發出皮爾尼慈宣言（The Declaration of Pillnitz），說法國的事變，足以損害歐洲全體元首的福利，所以一切元首必須聯合起來替法國創造一個適當的政府。老實講，就是各國君主應該合力援助法王復辟，同時並要召集軍隊爲作戰的計劃。這是一七九一年八月二十七日事。這個宣言不過是一種恐嚇文字，可是法人就認爲各國君主有意替法國君主恢復舊制，因此更加痛恨路易十六。在這個時候，制憲的國民會議因不久就要閉會，對於這種宣言，沒有積極的表示。及立法會議成立以後，始認定普奧這種舉動爲干涉法國的內政，遂主張和他們開戰。而普奧兩國更於一七九二年二月二十七日結成一種正式協約，規定奧國出兵十八萬，普國出兵六萬幫助法國君主恢復王權。一七九二年四月二十一日路易十六出現於立法會議，提議對奧國宣戰，立法會議立卽通過。路易十六爲什麼反而主張對奧國宣戰呢？因爲他希望法國革命軍戰敗，好去恢復其已失的專制特權啊！不料這次戰爭一開始，便發生蹂躪歐洲幾及二十五年的延綿不斷的戰禍。

八月十日的革命

一七九二年四月二十二日，法國正式對奧宣戰，因爲普國與奧國聯合行動，無形中也是對普國宣戰。其時普奧已組成聯軍（據說軍中有一萬二千反革命的法國人），派布蘭瑞克（Brunswick）公爵爲總司令，帶兵進攻法國。這位不識時務的公爵，竟發出一篇惡犬恫嚇老虎的宣言說：「聯軍攻法國的目的，專在平定法國的內亂，……以恢復正統的權利……即鄉村居民有敢抵抗聯軍者，卽以叛逆論，處以死刑，並燒其住宅：巴黎市民有聯合剝奪國王的自由及對王不恭順者，卽以軍法從事，斬其首級，決不寬宥！萬一再有攻擊王宮和凌辱王族者，卽燒燬街市，屠殺市民」！這個宣言傳到法國之後，全國人民十分憤激！他們眼見外侮迫在眉睫，和受傷的獅子一樣狂叫起來！各省武裝的聯合者大批擁入巴黎，尤其是馬賽的武裝聯合者，最爲激昂。他們唱着革命的歌——這個革命歌名爲馬賽曲 Marseillaise，卽現在法國的國歌——掮着武器向巴黎集中，沿途加入者非常踴躍。有體面的資本家從布蘭瑞克公爵的宣言中，看出那保證財產和身體自由的憲法已受威脅，所以他們和發了狂一樣反對勾引普魯士軍入國境的宮廷。除風黨是這個階級的代表，因此對於抵禦外侮和廢王兩種工作，非常努力。勞動者更不必說，是一致反對外兵入境的。當隊風黨一高呼「向宮庭進攻」的口號之後，住在巴黎的武裝民衆便一致響應。巴黎前城的工人，准備馬上不顧一切危險，從事鬥爭。至八月九日，立法會議開始討論廢君的問題。因爲王黨及立憲派搗亂，故沒有何種決議卽宣告停會。醞釀已久的武裝革命，此刻便又要出現了。到半夜，警鐘擂起來了！聯合軍起而執武器，前城的工人也發動了。丹塘和德斯冒靈等爲着煽動羣衆，都很活動。丹塘並且特別跑到馬賽聯合軍所住的地方去演說，馬賽人便相率出發，唱着革命的馬賽曲經過街市，市民都攜武器隨着前進。前城的一萬五千工人也攜着大砲集合了。他們一齊攻入法王所住的渚列里（Tuillerie）宮，見着衞兵就殺，遇着宮殿就燒。在這個時候，路易十六只是抱頭大哭，沒有一點辦法，侍臣便向他說道：「時到如今，萬事休矣！王還猶豫什麽？……趕快跑到立法院會議去能」！路易十六聽到這話，如夢初醒，立卽帶着家眷到立法院會議去避難，以爲很是安全。那知立法會議正恨他勾結外國，遂停止王權，並把他們囚禁於所謂「廟塔」的獄中。

民主派的政變

巴黎自八月十日起，卽發生種種新的權力。立法會議將行政權奪入手中，代行廢君的職權。它將各大臣免職，另行組織一個新政府，稱爲行政會。八月十日最出力的丹塘擔任司法總長，和巴黎公社及革命的民衆連成一氣，以革命的民衆武力爲後盾的丹塘馬上能支配其他僅以立法會議作靠山的各總長。法國革命在這個時期中只留下他的名字。巴黎公社組織一種革命的警察，又選舉一個可以發佈逮捕命令的監察委員會，卽刻發出大批逮捕令。因此，各監獄充滿了王黨貴族及高級僧侶（共三千人）。同時，立法會議又因民主派與巴黎公社的威逼，通過組織一個「特別法庭」，來裁判這些囚犯。因爲這個議案是八月十七日議決的，故又稱爲『八月十七日法庭』。一切王黨貴族和反革命的囚犯通通都處死刑。後來各地遵令按戶搜查形跡可疑者，每天被囚到巴黎的約有五千人，保全生命的也很少。這都是從八月三十日到九月一日的事。從九月二日到九月六日之間，更是殺人無算。一般歷史家稱這次事變爲「九月殘殺」，而革命者則稱爲「民主派的政變」。這次政變，確給法蘭西專制主義的潛勢力以重大的創傷，使牠不能再抬頭來反對革命。

普奧聯軍失敗

同時，普奧聯軍已於九月二日佔據凡爾登（Verdvm），不久又進到距巴黎只有百哩的瓦爾密（Valmy），駐守這地方的法軍領袖叫做克列曼（Kellermann），他一見普軍擁進，便喊着「國民萬歲」的口號，下令士兵上刺刀衝鋒，結果把普軍逐回去了。雙方又繼續開始砲擊，終究普軍爲法軍的炮火及吶喊聲威逼而失敗了！在這時，從尼德蘭（Netherlands）進兵的奧軍，也被法軍擊破。因此普奧聯軍的計劃完全失敗，于是巴黎在敵人聯合進攻之下被拯救出來了！普奧的貴族公子想于九月二十日早晨——像哥德（Goethe）所說的一樣——「殺盡全體法國人，用以佐餐」。然他們畢竟一看情形就驚慌起來了；「勞神費力，終無所有」。在世界史的新時代之前，武裝干涉是沒有用處的。

國民會議中的黨派

自九月事後發生，立法會議的重要意議即形消滅，於後雖苟延殘喘若干時，然僅具形式，以待國民會議的集合。國民會議是八月十日議決召集，以解決當前政治制度問題的。國民會議代表選出八百名，左傾分子佔絕對大多數，即令是右傾的分子，也不敢公然擁護君主；至少也得隨聲附和。以前在立法會議叫囂的王黨及火伊兒派差不多完全絕跡了。隙風黨人當選者仍多，而且還可以宰制會議；不過以前是站在左派，現在已變爲國民會議中的右派了。國民會議的左派是由雅各賓派構成的；他的領袖羅伯斯庇爾在巴黎得票最多，極爲巴黎市民所擁戴，激烈的丹塘在巴黎市民擁護之下，也當選爲代表，素來擁護工人利益的馬哈特也是代表之一。這三個革命領袖加入國民會議之後，便形成一種民主勢力，和右派的隙風黨對抗。其中也有游移兩可的人，大率是胆怯與小心謹慎之流。大家稱之爲平原派，或沼澤派，又稱爲國民會議的腹部。選舉揭曉之後，立法會議卽於一七九二年二十一日自行解散，國民會議卽於同日集會。自這個國民會議集會之後，法國的政治，便開一新紀元。而一切革命中的鬥爭，也以這個國民會議的時代爲最烈。

第一次法蘭西共和國

國民會議集會的第一日，卽選舉白西安(Petion)爲第一屆的議長，許多隙風黨人爲祕書，所以它首先就爲這一黨所宰制。會議首先議決制定一種憲法，由人民在選舉人的大會中予以批准；向來的法令及各種賦法，一直到新憲法批准公布之日爲止，認爲有效。但山嶽黨人此時挺身出來，提議廢除王國，建設共和國。因爲廢王爲當時人們一致的要求，隙風黨人和山嶽黨人也大都是共和主義者，此案便毫未感受障礙全場一致通過了。這個議案，第二日正式公布的，算是法國君主專制最後的一天。因此，便稱一七九二年九月二十二日爲「法國自由元年」的第一天。也就是歷史家所稱的第一次法蘭西共和國。

隙風黨與山嶽的鬥爭

國民會議在議決廢王及建設共和國是一致通過的，我們已經說過。

郎在九月二十三日議決從新發行鈔票一案，仍呈出和諧的現象。但一到二十四日，隙風黨和山嶽黨的鬥爭便爆發了。起初，巴黎公社的監察委員會對於隙風黨的領袖羅蘭發出一道逮捕的命令，雖沒有執行，但不能使他無所顧慮。馬哈特最近又在報上譏諷羅蘭爲他的夫人的廚役。羅蘭便在此時致書國民會議，說人家到底和他爲難，他相信和九月初間一樣的新殘殺又會出現，並且還要厲害些。隙風黨的克聖特（Kersaint）在會議中起來叫道，大家必須裝置斷頭機去對付謀殺者以及謀殺的煽動者。這顯然是指左派。隙風黨人挑戰的態度再接再厲。異日拉索斯（Lasource）公然攻擊山嶽黨；他的目標是馬哈特和羅伯斯庇爾。隙風黨人一致喝采，山嶽黨則十分憤怨。隙風黨人阿塞倫（Osselin）叫道：「一個不要臉的人，藉人民的力量混入此間，竟敢蹂躪人民的權利，希冀一個專制者的職位！此人是誰呢」！隙風黨人的黑伯克（Rebequi）大聲答道：「此人就是羅伯斯庇爾」！羅伯斯庇爾默不作聲，丹塘起來要求證據，一刻，馬哈特也出現於演說台上。隙風黨和「沼澤的蝦蟆」——！指坐在中央低處的中央派——發出一種可怕的叫囂聲，表示不贊成。馬氏不管怎樣反對，仍持一種堅決的態度。他以冷靜的口胳說道：「我在此好像有許多私人的仇敵」，隙風黨人叫道，都是的！都是的；馬氏回答道：「那麼我看你們害羞不害羞，你們對於一個長久爲自由服務的人爲什麼要加以侵犯」？他於是提及他所受的迫害，並且公然承認一種革命專政的理想。當馬氏演說時，隙風黨人大呼：「送入牢獄中？送上斷頭台」因此隙風黨人失去巴黎人民的信任，而馬氏却爲巴黎人民所仰望了。從這一天起，國民會議內部的黨爭不復停止。這種鬥爭並且蔓延到街市上去了。各省的聯合軍擁護隙風黨，而巴黎公社及前城的工人則擁護山嶽黨。南方的聯合軍要求羅伯斯庇爾的頭顱，前城的工人則以暴動相恫嚇。國民會議在這種鬥爭之中，並沒有停止的工作，它正組織各種委員會，如公安，軍務，會計檢查，立法，財政和憲法等，都有委員會去專司其事。此等委員會，大都是受隙風黨支配的。

路易十六上斷頭台

這時候路易十六雖然被監禁，但復辟派的陰謀仍未稍止。法國人民爲保障共和國的堅固基礎起見，祇有把路易十六殺掉纔不至發生危險。所以巴黎人民要求審判君主，以便把路易十六處死刑。可是沒有殺王的口實，以壓服保守派的心理，所以不能發動。及國民會議中的左派，接受巴黎人民的請求，提議審判君主以後，中經幾許的辯論，才決議推選一個檢查委員會，專門搜集路易十六的罪狀證據。不久這個委員會在王宮的鐵箱內，發見從前路易十六和逃亡貴族及外國往來的祕密文件數十起，便立卽交到國民會議。因此，遂於十月七日，決議審判君主。十二月十一日，路易十六受審判於國民會議。議長巴痕黑便向他說道；「路易閣下(因已被廢，故不稱陛下)現在法國國民要列舉你的罪狀來審問你了！狀紙將宣讀給你聽。路易，你請坐罷」！說畢之後，書記便朗讀其罪狀如左；

「一，希圖恢復專制以滅法國人民的自由。

「二，派密使到普奧各國引誘外兵入寇。

「三，私行逃往瓦黑列，放棄職權。

「四，屢次拒絕人民的請願和議會的議決案。

「五，八月十日用瑞士兵殘殺民衆，抵抗革命軍」。

這五大罪狀宣布以後，路易答道：「這些事，我都不知道，應該由各大臣負責，尤其應該由會議負責」！說畢，又解囘禁獄去了。至十二月二十六日，又開會審問。其時首鼠兩端的隙風黨則主張監禁，山嶽黨及在場旁聽的巴黎民衆則主張處死刑，以絕禍根。兩派互相爭論不已！議長便命投票表決，並令各議員出席陳述自己的主張。在陳述的時候，主張處以死刑的，便受旁聽席裏面民衆的鼓掌歡迎；主張處以監禁的，便受他們大聲的怒罵。因此一般胆小如鼠的隙風黨中懦弱分子及那些依違兩可的「沼澤的蝦蟆」，怕出會場後爲人民所狙擊，不敢投監禁的票。因此，開票的結果，主張死刑的，佔了多數。議長就大聲向大衆說道；

「我代表會議宣告路易的死刑」！其時，人民的歡聲，有如雷哄一般，亦足見當時的民意了。次年一月二十一日，便爲路易十六上斷頭台的一天。旁觀的民衆，不但高呼「共和萬歲」！還有些跑到路易的屍首面前，扯落他的頭髮，撕破他的衣裳，以雪他們的積恨。可憐這位懦弱無能胸無成竹的路易十六在臨死的一剎那，還大聲呼道：「法蘭西人啊！我是死非其罪；但我對於判決我的死刑的主謀者，加以原恕，並且願意將我的血去鞏固法國的幸福」。祇可惜他不早下這個決心，至今悔已遲了！路易十六的血，爲法蘭西共和國行了奠基禮。自路易死後，法國貴族反動的陰謀，得以稍止，而共和政治，也得稍安無事。這就是法國專制主義的結局。

第六節　山嶽黨專政

外患與內憂

法國自殺了路易十六以後，共和政治固然奠定了穩固的基礎，但同時却引起國內外反動勢力的活躍，造成法國很嚴重的內憂外患交逼的局面。當時的內憂外患，約分四種：(一)英國的大臣辟特(Pitt)所號召的歐洲各國對法同盟，參加的國家計有英國，奥大利，普魯士，俄羅斯，西班牙，葡萄牙，薩丁尼(Sardinia)，利蒲爾(Necple)，托斯卡拉(Tcskana)，帕馬(Parma)等國，它們惟一的目的，就是要摧毀法國的革命政權，大家聯合出兵向法國進攻，聲勢非常浩大。(二)在北方的邊疆上，則有渚膜黑將軍的叛變，他的目的是想囘師巴黎，取消國民會議，擁戴霞特黑公爵爲君主。(三)汪德(Vandee)農民及其他南方諸省農民受貴族與敎士的宣傳，說法國農村經濟之混亂，完全是巴黎工人及山嶽黨的罪惡，故一致向巴黎的革命勢力進攻。在汪德地方及里昂等處的山嶽黨人，大都被叛亂的農民所殺。(四)隙風黨在國民會議中已變成右派，在判處路易十六死刑的時候，他們表示十分妥協的態度，已爲巴黎公社衆矢之的；同時山嶽黨在國民會議中也不斷的攻擊他們；以此不能不陰謀政變，陰謀政變的聯盟者，是叛變的渚膜黑將軍，陰謀政變的擁護者，便是汪德及南方各省的聯合主義者與盲從的農民。他們惟一的目的，是要毀滅巴黎公社及山嶽黨的勢力，建設隙風黨的一黨專政。以上的四種反動勢力，其最後目的雖各有不同之處；但在攻擊山嶽黨與巴黎公社這一點上大家都是一致的。這時候，法國革命的孤兒，只有山嶽黨與巴黎公社；當內憂外患相逼而來之時，山嶽黨和巴黎公社不能不發揮偉大的精力，運用堅銳的鐵腕，以渡過法國大革命中最大的難關。

黨爭的擴大

隙風黨因在國民會議佔得優勢，使山嶽黨的努力大半歸於無效，使共和國的危險愈加增多，因此，山嶽黨和巴黎人民非常痛恨它，決定殲滅它。就法蘭西的時局看來，將隙風黨逐出國民會議，已成為國家安甯上的一種要求，丹塘，馬哈特，羅伯斯庇爾便和巴黎公社聯合起來，努力摧毀這個反動的黨。巴黎各區組織一個委員會，在市政廳開會。這個委員會的多數委員，選出一個中央委員會，準備一種對隙風黨的暴動。中央委員會既和在市政廳的各區委員會聯絡一致，可以隨時號召各區人民武裝作戰。國民會議中的隙風黨人，對於此等計劃已有所聞，他們便對巴黎公社作先發制人之舉。他們在會議中提議選舉一個十二人的委員會——名爲議場檢查員——去考察反對隙風黨的各種計劃。這個十二人委員會的當選人，盡是山嶽黨和巴黎公社的仇敵，於是剷除這個十二人委員會成爲巴黎市的口號，人民預定一七九三年五月卅一日暴動，以消滅它。不料十二人委員會在巴黎人民沒有發動之前，發令逮捕許多決絕的革命家，卽巴黎公社的代理社長黑伯特（Hebert）也在內。巴黎公社對於黑伯特被捕，提出抗議，並且派代表團向國民會議堅決的要求釋放他，並立卽取消十二人委員會。隙風黨人和山嶽黨人互相漫罵，國民會議的議場大起紛擾。糾紛很久，隙風黨願意散會，避去這種的表決。但山嶽黨人不肯退席，隨卽議決取消十二人委員會，釋放黑伯特及其他被捕的革命家。擁擠在會場中的人民，歡聲雷動，表示人民的勝利。

到了翌日，一個隙風黨人蘭渚伊列（Lanjuinais）倡言此項議決爲無效，一倡百和，國民會議竟爲隙風黨人及「沼澤的蝦蟆」所惑而改變主張。釋放的人固然沒有再被逮捕：但十二人委員會却被恢復了。山嶽黨人在會議中亦無可如何。於是巴黎的人民，忍無可忍，只得準備流血。前城的工人於五月三十一日早晨首先發難，警鐘齊鳴，警砲齊轟，各區忿激的人民配上武裝，包圍是日早晨六點鐘集合開會的國民會議。國民會議於是又不得不討論解散十二人委員會的事件，隙風黨人和「平原派」受着人民武裝的威脅，遂自行提議解散十二人委員會。但領導暴動的人，對於五月卅一日的結果却不滿意，要進一步完全剷除隙風黨的勢力。六月一日巴黎公社又準備新暴動，目的就在驅逐並逮捕國民會議中的隙風黨人。

六月二日的革命

六月二日清晨，巴黎公社令人民配上武裝，統共有十萬人，並攜有六十尊大砲。當這些武裝羣衆擁入國民會議議場的時候，具有反動見解的蘭渚伊列衝上演說台攻擊巴黎公社，說它的請願書上塗滿了汚泥！山嶽黨人和隙風黨人各自奔上演說台，一方要拖下蘭氏，一方去保護蘭氏，在紛擾中蘭氏額上中了一槍，隨卽平靜下去。巴黎公社的代表團於是對會議說道：「凡陰謀詭計危害共和國家者，必須驅逐出會議，並暫時予以逮捕。你們必須卽刻拯救人民，否則人民將起而自救！」代表團於發表恫嚇的言詞以後，卽離開議場。山嶽黨人列瓦塞（Levasseur）提議將隙風黨人作爲嫌疑犯加以逮捕，然而大會並不加討論，大家命隙風黨人交出他們的證書，隙風黨人不肯聽從。中立派的人提議大家離開議場，勸外面集合的人民散去，國民會議便依然依照這個提議做去，但，馬哈特此刻急忙跑出去，要求武裝人民的領袖愛里阿圍住國民會議，非至議決逮捕二十二名最反動的隙風黨人，不要解圍。主席塞協列領導國民會議的議員到了外面，向人民說：「人民要什麼，國民會議只是求人民的福利！」愛里阿譏誚的答道：「塞協列！人民起事，不是爲的要聽漂亮話，只是要你們交出二十二個犯人！你們如不議決此事，休想出去！」不識時務的塞協列還要求國民軍逮捕它的總司令，愛里阿大聲叫道：「砲手，架起砲來！」兩尊大砲的口，立卽對准國民會議，各議員於是垂頭喪氣的回到議場，大家只好犧牲隙風黨人，立卽議決監禁隙風黨的重要份子二十二名及稅務總長和外交總長。隳風黨人從此被排出政府和國民會議以外，不再作革命的障礙了。本來，他們內中有些人曾大有功於革命，但一到自己取得政權時，仍復現其中等階級貴族的面目，要求革命停止不進。他們在這種愚蠢而無益的努力中，遂被革命的漩渦吞滅了。

一黨專政

國民會議中的隳風黨時代，以一七九三年六月二日爲終止期，自此以後，卽是法蘭西的恐怖時代。山嶽黨受民衆的擁護，統制國民會議，又籍國民會議的力量將政府的全部機關和國家的一切統治權，都操在手裏。所以，又可以說，法蘭西恐怖時代，卽山嶽黨專政的時代。國民會議自將隳風黨驅逐出去以後，在一個長時期中，沒有黨爭，代表們不再說「空頭支票」式的漂亮話，但會議所設的各種委員會和會議所領導的工作，却較從前緊張而健全得多了。山嶽黨人都覺得在這個內變外患紛至沓來的非常時期中，必須一致行動方能有濟，所以大家同心協力助其領袖統制一切。但山嶽黨中也有內部的矛盾，卽三大首領丹塘，羅伯斯庇爾和馬哈特都各有支派，政治的主張也各有緩進與急進的不同。在這個時期，他們內部的矛盾還未顯明，但終伏下後日分裂與流血的預兆。隮風黨因爲黨爭的緣故，置共和國家的福利於不顧；山嶽黨則十分豪俠，十分愛國，它的心目中只有一樁事：卽從內外仇敵的手中救出法蘭西共和國。結果，山嶽黨的統治，眞的將法蘭西救出來了。從此，我們可以在歷史中又多得一個證明：在內憂外患交逼的國家，革命的一黨專政，確是必要的手段。

一七九三年的憲法

在山嶽黨一黨專政時代，有一件事值得我們注意的，便是一七九三年的憲法。當隮風黨人被排出政權之外以後，他們便以專制與無政府狀態的罪名加在山嶽黨的身上，竭力宣傳。山嶽黨乃創造一種憲法，表示牠想於內外戰爭終結後，怎樣治理共和國家。國民會議的憲法委員會從前已經草就一種憲法，因爲處處表現隮風黨的觀念，山嶽黨此刻便棄之不用，另外組織一個純粹雅各賓派人的委員會。塞協列係這個委員會的主席，而一七九三年的憲法是由此會產生的。在幾天之內，憲法卽經草成，因爲山嶽黨沒有多工夫討論此項憲法。

這種憲法含有一種純粹民主主義的色彩。它確定凡年齡達二十一歲的法蘭西人卽爲國民，具有一切政治上的權利，沒有何種財產關係的限制。國民應組織國民大會，爲達到這個目的起見，全國當劃成若干區域，以五萬人爲一區。國民大會應於每年五月一日集合開會。每個國民大會，應直接選擧一個代表送入國民會議。這個國民會議當爲最高的權力機關，共和國家的全部政府和管理，都操在它的委員會的手中。凡國民會議的議決案在一定時期內如不爲大多數國民大會所反對。卽應成爲法律。當路易十六時，否决權也發生許多力量，此刻的否决權，却放在人民手中。依據這幾種直接民權的規定，一七九三年的憲法，便成爲一種民主主義的法制。行政權應由一個二十四人的行政委員會組成。這個行政委員會，應由選擧人大會間接選擧。此等大會，應提出一個候選人的名單，由國民會議從單上勾去一些人名，僅留下二十四人。

憲法的緒論中也含有一種勞動權。內中說：「由公家維持生活是一種神聖的義務。社會對於不幸的國民應負責維持他們的生計，或是爲他們找工作，或是予缺乏工作能力的人以生活資料。不過，這憲法雖予人民以政治上的完全平等權，然沒有涉及怎樣保障國民生活這個大問題，因此除掉公共的施設外，沒有其他方法，而山嶽黨的理論家認這種施設爲富人對於貧民的一種義務，即替窮乏之者找工作，也是從這種觀點出發的。至於一種勞動的組織，則從來沒有人想及過。情形雖是如此，然民衆却很信任這種憲法。當前城工人在一七九五年大暴動的時候，用粉筆在他們的帽子上大書特書「麵包與一七九三的憲法！」無疑的，這憲法增長了山嶽黨的勢力。及人民對於他的勢力之信任心。

革命政府

國民會議自從排出了隙風黨人以後，就成爲最高的最主要的權力，公安委員會（Committee of Public Safety）以下各種組織都振奮起來。各地方革命政權的機關，就是國民會議的政治代表，他們一方面執行革命政府的命令，一方面視察當地行政及將士的舉動。這些政治代表都是富有能力而忠于革命的人，在廣大羣衆中極有威望，幫助革命政府克服了許多困難。政治代表在各地活動多與城市政府合作，而城市政府又多在雅各賓派手中，所以有所設施，進行甚易。此外，各地還有雅各賓支部，形成革命政府的政黨組織，可以指導全國輿論。每個公社設有革命委員會，其責任與警察略同，專司偵查反革命者的行動，製造一種嫌疑犯的名册，那些未曾宣誓的僧侶，逃亡的貴族，以及外國奸細等，都詳細註明，隨時逮捕，總而言之，革命政府上層與下層的組織是非常嚴密的。

恐怖政策

革命政府當前的任務，是對外抵禦强敵，對內鎮壓反動，以保持革命的勝利。國民會議爲實行這些任務，遂須佈許多命令，採取嚴厲手段，於是開始了「革命恐怖」的新時期。首先是竭力削平各城市的叛亂，擁護隙風黨的馬賽卽在八月降服。國民會議令其代表佛黑霍 (Freron) 在該處組織革命法庭。作一種流血的報復。這個城市因此喪失了名稱，以後僅叫作「無名市」。

里昂驟於馬賽慘酷的命運，大起恐慌，遂決定投入英國人的懷中，但終於被革命軍用砲火的威力攻下了。里昂的叛亂，曾陷共和國家於極危險之境，國民會議卽下一道命令說：『玆令五代表的委員會，馳里昂，捕捉曾經參加叛亂的一切革命者，用軍法處決。所有居民——在叛亂中沒有參加的人除外——應解除武裝。里昂城市應加以毀滅！只有貧民的住宅工廠作坊醫院學校和公共建築物才准保存。此城將來不得再稱爲里昂，但叫做「被棄之市」。在此城的遺址上，應樹立一個紀念牌，上面寫着：里昂與自由宣戰：里昂不復存在了』。因此，里昂有大批的人被殺。汪德經過一度血戰之後，也被革命軍佔領，革命法庭在該地也殺了不少的人。當各省的隙風黨人叛亂之際，巴黎決定將二十二個被囚的隙風黨領袖提交革命法庭審判。巴黎的各監獄充滿了嫌疑犯。十月十四日，三十八歲的王后馬麗安托列特(Marie Antoinette)也出現於革命法庭之前。在王后的訴訟中所列的罪名是參加外的勾結外國引起內亂的詭謀。陪審員是一個假髮製造人，兩個裁縫，兩個細木工，一個木匠，一個鎖匠，一個畫工，一個外科醫生，一個捕役和一個私人。結果被判處死刑。至十月二十四日又開始審判被囚的二十二個隙風黨人，經過三日的辯論，也以內亂罪被判處死刑了。這些隙風黨人臨死時神色不變，他們在斷頭台下互相擁抱，並且大唱自由之歌。這時候的殘酷，言之可怖！但這種責任應由那些逼迫山嶽黨挺而走險的人負之，因為山嶽黨當時不假手於恐怖政策而獲取勝利，就會使整個革命事業歸於毀滅。

改組軍隊與擊破敵人

為謀保衛國家抵抗強敵起見，國民會議將志願軍制改為徵兵制。這次徵兵不許代替，就是富豪也不能用錢避免。每軍的指揮由公安委員會指派，經國民會議承認。實行一種經常的政治工作，以教育軍隊，由國民會議所派的特別政治代表擔任之；這些代表負監視將官行動擁護士兵利益之責，並且時常衝鋒陷陣，握着實際的指揮權。幹部民主化，使其能與士兵羣衆接近，國民會議更訓令政治代表與士卒同甘苦，尤足使革命戰士與政府接近。當時不僅實行軍隊民主化，不僅提拔許多有天才的軍事家，又創造新的戰略，擊破一切强敵。

一七九三年夏秋之間，法國海陸兩面都受敵軍包圍，普軍逐法軍出梅慈(Mainz)，並向亞爾薩斯前進，北部則喪失比利時，而土倫(Toulon)又降于英國。幸而同盟諸國意見紛歧，法國得以整飭軍隊，分兵應敵，卒以卡洛特(Carnot)一軍制勝，各路都擊破敵人。待到冬季，法國已沒有外患了。

解決農民問題

山嶽黨專政時期最重要的設施，無過于解決農民問題。一七九三年七月十七日，頒布法令，無代價的取消一切封建特權，雜稅，及其他封建徵發；法令未下以前，所有地主鄉紳當政時的田產訴訟及拖欠地主債務案，都完全註銷；一切封建文書契約，嚴令繳至官府，以備焚毀。先于六月十日，曾經頒佈一道有利於農民的重要法令，將地主所佔據的公田，一概交還農村公社。有公社三分之一的社員要求分割土地，亦可照准，使公田變爲農民的私產。隨後又把一部分國有產業分成片段，廉價出賣，以擴張耕地。這樣一來，無土地以及土地甚少的農民，都變成土地私有者。

山嶽黨分裂

因社會成分之不同，山嶽黨分裂爲三派，卽右派，中派與左派。右派以丹塘爲領袖，都是資產階級的智識分子之代表。他們反對舊制度，因爲在舊社會組織中無活動的餘地；他們又反對限制私產，也不贊成農民問題的根本解決。丹塘於極大努力之後，似乎有些倦意，而恐怖政策尤非他所喜。中派以羅伯斯庇爾爲領袖，代表一切獨立的富裕小資產階級（小商人與小匠人），不願使大財富流入少數人的荷包，所以想剷除社會上極端的不平。然又反對消滅階級，反對共產主義。他們以盧梭的理想爲依歸，公安委員會是其支柱。左派自馬哈特被刺後，以黑伯特爲領袖，大率代表那些生活最無保障的人，如小販，工人，貧苦農民之類。他們的主要勢力在國民會議以外，巴黎公社卽其擁護者。他們願意革命達到極端的民主主義，被公安委員會目爲過激的革命派。

羅伯斯庇爾翦除異己

自從恐怖政策實行以後，涼風黨不用說已被消滅，卽各地的反對派也漸漸肅清，那時掌握法國政權的，外表上固然是山嶽黨，實際只是公安委員長羅伯斯庇爾。他在恐怖時代，很像一個生殺予奪任意施行的獨裁君主。他怕丹塘和黑伯特等奪他的政權，鬥爭便漸漸激烈。後來羅氏見黑氏所提倡的尙理教(Worship of Reason)很得人民的信仰，便斥責道：「無神主義有妨國民的信仰自由！」迫令黑氏廢棄其說，同時又彈劾其罪狀於議會，黑氏及其黨徒十餘人，卒於一七九四年三月都死於羅氏手下。羅氏自將黑氏等處决以後，巴黎大部分工人都憤恨羅氏，這無異山嶽黨折斷了一個左手。至於丹塘呢？他見黑氏慘死，恐自己也遭同樣的命運。因在國民會議中說道：「任意捕殺人民不是革命的本旨」同時他又主張赦免一切政治犯。羅氏又趁着這個機會，指丹塘這種言論爲企圖反革命，請議會彈劾他。那時的議員都怕羅氏的勢力，誰敢道個「不」字，因於同年四月又將丹塘等一派人處死刑。自丹塘等被斬首以後，一般中等階級及依附於丹塘的軍人又無不反對羅伯斯庇爾：這無異山嶽黨又割斷了一個右手。剩下的就是羅伯斯庇爾的中派。這樣剷除異己，能說不是革命隊伍裏所受的損失麼？

過火的恐怖

自山嶽黨分裂，羅伯斯庇爾一派專政以來，恐怖政策更爲嚴厲，在南特（Nante）地方，卡隙兒（Carrier）下令將大批的罪人投於水中，各俘虜也有被裝在船內，將船洞穿，沉入河中的，人們稱此舉爲共和的婚禮與洗禮。大家稱斷頭台爲「國家窗戶」或「國家剃刀」，便知道恐怖制度的過火處。革命法庭的活動，因此陷入一種無意義的屠殺中；人們竟爲殺人的原故而殺人。當革命法庭找不到著名的囚徒供其犧牲時，卽殺戮一大批貧苦和不著名的人，至於他們的罪狀，幾乎沒有提起的價值。手藝工人，農民，用人，廚夫，縫婦，洗衣婦以及各種各樣的婦女，常因微小的罪過而斷送生命。我們試舉一些例子來：有一個青年喊做格霍德爾（Grondel）的，因爲在鈔票上寫上「君主萬歲」，遂被處死刑。一個貧民學校四十六歲的女教員，也遭遇同一的命運。兩個皮匠因爲對於貧民所供給的「鞋子不好」，必須於十二月二日走上斷頭台。一月七八兩日有兩個婦女被殺，因爲定了一份王黨的報紙。一月十六日有一個書記被殺，因爲他詛咒過國民會議。二月間的犧牲者除掉貴族外，大半爲製麵包人，舊貨商人，馬夫，兵士，理髮匠，日工和農民。四月二十四日，維渚有三十三個居民被殺，因爲他們曾以友誼的態度接待普魯士軍人。五月五日有一個化學家被判死刑，他向法庭主席科芬拉爾（Coffinhal）要求緩刑四星期，以便完成一種重要的發明。科氏答道：「我們用不着學者！」五月十日所殺的人當中，有七十歲以上的女教士；還有一位洗衣婦人，因爲替王黨洗過衣服，也被殺。自此以後，每日所殺的人更多，平均可有八十人。當六月十六日一天已經殺了五十四人；內中有三十九個工人，十個用人和僱員。以上所舉的例子已經夠了。因爲一直至羅伯斯庇爾傾覆時爲止，每日殺人表上差不多保持同一的比例；每殺五十人，內中約有四十人屬於貧苦和勞動階級，所有這些人，都是羅伯斯庇爾從前所稱的人民。

羅伯斯庇爾被殺

自山嶽黨左右兩派被羅伯斯庇爾翦除以後，他的大政敵總算已經除盡；可是他還怕同黨派算計他，因於同年六月發出一種新法律來保護自己。這個新法律規定：凡造謠惑衆和提案害及自由的人，一律處死刑。這個法律實行以後，不到一個月的光景，就有一千三百多人因觸犯新法而被殺。國民會議的議員，無不人人自危，大家都覺得非打倒羅伯斯庇爾，自己的生命便都時時在危險中。於是就聯合巴黎公社底下的各區反羅氏的民衆，一致準備推翻羅氏的個人獨裁。卽於炎月（陽歷的七月十九日到八月十七日）九日發動，議員在議會提出彈劾案，民衆及兵士則包圍議場，羅氏以爲可以用一篇演說詞，就可以戰勝反對派，於是從容出席答辯，各議員便高呼：「打倒暴君！打倒暴君！」民衆呼聲應和，這時候雖有一部分巴黎公社的委員帶領一部分人民保護羅氏，可是寡不敵衆，反羅氏的民衆，終於衝進了議場。羅氏知其結果，必與丹塘黑伯特同樣悲慘，乃舉手槍自殺，可惜只擊碎了牙牀骨，沒有致死。因之，羅氏及其黨徒二十一人被捕到革命法庭：結果，也於七月二十九日死於斷頭台上。三十日及三十一日之間，羅氏的中派又被捕殺了七十餘人。這叫作炎月革命，而施行專政拯救法蘭西的山嶽黨，也就從此完全覆滅了。

一七九五年的憲法與炎月黨的勝利

山嶽黨的勢力完全消滅以後，溫和派及反動派就握國民會議的全權。同時中等階級又組織種種團體擔任巴黎市內的警備以為後盾，國民會議便下令解散巴黎公社，解散雅各賓俱樂部，取消公安委員會和革命法庭。不久又下令廢止一七九三年的憲法，另任委員着手於新憲法的起草。這個新憲法是一七九五年九月二十三日公布的，算是法國的第三次憲法。這個憲法，除篇首冠以人權與民權宣言以外，其要點如次：

（一）立法機關由兩院組成，一為五百人院（即現今的衆議院）；一為元老院（即現今的參議院）。元老院的議員二百五十人，滿五十歲的男子才得充任。

（二）行政機關設督政部，由立法機關選出督政官五人組織之，管理一切行政權。

（三）五百人院有提出法律案的特權，元老院有可決否決的特權，督政部有執行的特權。

（四）督政官每年改選一次，議員五年改選一次。

（五）五督政官以一人充當首席督政，保管國璽，任期三月。

（六）選舉新議員時，應由國民會議議員中選出三分之二。

右面第六項是臨時添入的附則，意在翦除王黨的勢力，並防止勞動階級代表之增加。因為當時王黨的勢力甚大，恐其當選議員，危害共和前途。王黨見選舉的限制大不利於己，便大事反抗，要求議會修正。十月五日，王黨因所求不遂，就率領護國軍和反動的盲從羣衆三萬人進攻議會。其時砲兵少尉拿破崙(NapoleonBonaparte)受國民會議的命令，帶了六千精兵和他們開戰，結果護國軍大敗，王黨的計劃，就完全打消了。於是國民會議自行解散，根據新憲法，召集新議會，並建設新政府。是為恐怖時代之告終。此後法蘭西的政權，就暫歸於炎月黨人的手中。他們對於王黨，固然十分的抵抗；但對於勞動者，比山嶽黨還壓迫得厲害。他們完全站在中等階級的基石上，代表資本家右派的勢力，「共和國家滅亡了，强盜們勝利了！」羅伯斯庇爾的預言行將實驗。在炎月九日的勝利者中，的確有不少的强盜——例如王黨及隙風黨的反動份子，他們現在是站在統治的地位上。他們混合起來，形成一個炎月黨，把山嶽黨的份子一一鏟除，頂上了一塊共和招牌，幹那分贓的勾當；大多數人民，仍舊和恐怖時代一樣，得不着絲毫利益。一幕法國大革命的悲喜劇便這樣收束了！

練習問題

（一）法國大革命的過程，異常複雜？試探究其所以複雜的客觀原因。

（二）在法國大革命的發展過程中，約可劃分幾個階段，各階段中的動力果相同否？

（三）試就一七九一與一七九三年兩種憲法作比較的批評。

（四）山嶽黨專政時代，有何功過？

（五）法國的工人與農民在大革命各階段中所起的作用如何？

（六）法國大革命的果實落到那些人的手中？

參攷資料

（一）法國大革命史（上下兩册——神州國光社）

（二）法國革命史（上中下三册——亞東圖書館）

（三）法國革命與階級鬥爭（新生命書局）

（四）The French Revolution (B M. Johnston)

第四章　拿破崙與法蘭西帝國

第一節　產生軍事獨裁的過程

督政部的對外政策

督政政府是根據第三次憲法於一七九五年十月二十六日組成的。其重要機關，就是督政部，元老院及五百人院，其組織方法，大都和憲法所規定的相同。惟督政官每年改選一人，兩院議員每年改選三分之一等事和原來規定稍有出入而已。這種變更，純在免除一時交替，起大變激，致礙對外方針的弊病。但是督政政府為什麽要積極的對外呢？這却有三個原因；第一，當時法國兵力强盛，萊茵河左岸，已經沒有抵抗法國的軍隊，正好利用這種勢力發揚國威，並宣傳「自由平等博愛」的革命原理；第二，當時的革命的民氣非常激昂，難免又發生對於統治階級不利的變故，不如驅之對外，以消弭內亂於無形；第三，當時歐洲對法的第一次同盟雖已解散，而奧英二國，却是革命以來的大敵，若不使之屈服，難免其援助國內的逆黨，危害共和。因此三種原因，督政政府便極力主張繼續對外宣戰，首攻奧國，次攻英國。

拿破崙初露頭角

一七六九年八月十五日，拿破崙生於科西嘉(Corsica)島中。這個島雖於拿破崙誕生的前年爲法國所領有，而他却是意大利的種族。他是貴族的後裔，而家裏很貧，在十歲時便入布里恩(Bnienne)陸軍學校習軍事學，前後共學習了六年，畢業時雖得了少尉的職位，但他很不願意，時時告假回鄉，以謀科西嘉島的獨立。到了一七九三年，因爲陰謀破露，致全家被逐，拿破崙便逃往法國避難。二年之後，在軍隊中立了一點戰功。一七九五年又曾帶兵保護國民會議，擊破王黨的護國軍，威名爲之一震。一七九六年春，督政部令三大軍進攻奧京維也納(Vienna)：爵丹(Jourdan)率第一軍向北溯梅因斯河(Mainz)

而進：穆霍（Moreau）率第二軍經墨林（Black Forest）沿多瑙河（Danube）而下；拿破崙率第三軍入侵倫巴底（Lombarby）。爵丹和穆霍所領的軍隊，都被敵軍打敗；惟拿破崙節節勝利，敵人都割地賠款以降，致北部意大利全爲拿氏所征服。嗣後，拿氏立即提師直向維也納進攻，奧軍又大敗，退至離維也納僅八十哩的地方，奧國乃派代表求和，割地賠款，屈服於法國。拿破崙在這時，眞是天之驕子，爲全法國國民所一致崇拜。拿氏的英雄事業，就從這一次的武功開始。

督政部的失敗

督政部對外雖有勝利，但對內却很少建設。共和黨員巴倍夫（Babeuf）在一七九六年春組織一個平等社，準備推翻督政部，改建「平等者」的共和國，那知事機不密，巴氏和其黨徒通通被處死刑。後來國會議員改選三分之一的結果，王黨佔了多數，督政部大起恐慌，便派人到意大利向拿破崙求援，拿氏便派部將奧日霍（Augereav）率兵回巴黎援助政府。一七九七年九月三日，奧氏帶兵包圍議場，逮捕王黨議員多人，並放逐到南美洲，不許回法國。同時督政部又下令否認王黨的選舉，並取締王黨的報紙，因此反動派勢力就完全消滅了。但督政部的信仰到底不能挽回，因爲它對於農工商業的凋敝，財政的紊亂，紙幣價格的低落等等，不知加以整理，只圖在被征各地橫徵暴斂以充戰費和政費的原故。

勞苦功高的拿破崙

然而拿破崙在外國的武功，仍繼續發展，而各國的共和主義者，也都藉法國軍隊的力量，紛紛起來革命，建設共和國家，這一點，對於歐洲實在很大的革命意義。因法國軍隊所到之處，封建制度亦隨之崩潰了。例如羅馬，熱諾亞（Genca）和盧加（Lucca）拿部爾斯（Naples）瑞士等國，都由專制國家而變成了共和國家。因此，又激起英奧俄諸國的第二次大同盟，進攻法國，結果又被法國軍隊各個擊破。拿破崙在此時又遠征埃及，師次開羅（Cairo），後來雖爲英國及土耳其的海軍所敗，但仍能死守開羅。不幸法國督政部一天天的腐化，惹起國內的騷動。拿氏恐後方搖動，乃派部將留守埃及，自己跑回巴黎。巴黎市民見拿氏囘國，個個都出城歡迎，高呼：「英雄歸來了」！

霧月十八的政變

拿破崙歸國以後，便和其弟路息安(Lucian Bonaparte)及督政官息葉耶斯(Sreyes)等同謀，决心用武力解散督政部，建設新政府。拿氏最初發表一篇宣言，說明他的意思。其對於督政部的責難一段說道：「我留給你們的法蘭西。是光華燦爛的，你們將它弄成一個什麽樣子呢？我留給你們的是和平，現在看見的是戰爭；我留給你們的是勝利，現在看見的是失敗；我留給你們的是從意大利運囘的千百萬佛郎，現在看見的是顚連困苦，到處橫徵暴斂。幾十萬戰士，我認為是我的榮譽的良伴，你們是怎樣處置他們呢？你們是死了！……這種狀況不能夠繼續下去；它在三年之內將把我們引到專制主義之下。」許久以來，法國沒有一個私人用這樣的口吻說話，所以，民主派對此十分害怕。果然，至十一月八日（卽霧月十八日），拿破崙便親身到議場，宣言廢除督政部，建設新政府。元老院的大多數是參加陰謀的，所以沒有人出來反對，只有五百人院很激烈的反抗拿氏，說他蹂躪了憲法。當拿氏走到五百人院的門口時，內面的議員便大呼：「打倒專政者！宣佈他不得受法律的保護！兵士們滾開些！」並且有一位民主派的代表畢歌列（Bigonuet）向前拿住拿破崙的手臂大罵道：「莽夫，你走能！你蹂躪了法律的尊嚴！」拿破崙這個英雄，登時驚慌失措，面色灰白，顯然失去了自制的能力。幸而有他的勇敢的弟弟路息安，竟要求兵士去驅逐那些反對派的議員，拿氏遲疑了一刻，一聲令下，一個個反對派的議員，立即被兵士趕走。於是五十名擁護拿破崙的議員，由路息安主席，議決組織一個執政政府，設執政三人，並設第一執政一人，以專責任。拿破崙便被選爲第一執政。於是督政部便被廢除，而新的執政政府就從此告成了。

第四次憲法

拿破崙自爲第一執政以後，便和息葉耶斯（三執政之一）制定一種新憲法，這可以說是法國的第四次憲法。這個憲法，便造成一種變態的獨裁政治，而共和制度不過是表面的虛名。現在將其內容的要點列在下面：

（一）元老院，以八十名議員組成，任期終身，由立法院議員，最高行政官和裁判官選任，其職權在於答覆政府的諮詢。

（二）立法機關由立法院和諮詢議院成立。立法院議員共百名，諮議院議員共三百名。其職權，立法院則決議諮議院所移交的提案，諮議院則審查政府的提案移交於立法院。

（三）行政機關由三名執政組成，任期十年，拿破崙第一執政，掌握政治全權，任命縣郡市的長官和警官，第二和第三執政則輔佐第一執政。

這個憲法所規定的新制度，很和路易十四的制度相似，後來雖經種種變遷但至今仍爲法國政治組織的根據。當這新憲法編成的時候，拿破崙以爲政體的改革，不必和國民說明理由，只可問其贊成不贊成，因此，他便用「國民表決」的方法，使國民表決新憲法的可否。結果，贊成者占三百零一萬一千零七人，反對者不過一千五百六十二人而已。亦可見當時法國人民對拿氏信仰的一般了。

拿破崙的權勢

拿破崙在國家管理的新形態中，表現他對於法蘭西人認識十分的確切。他選用政治家全部手腕，在新的設施中，給予最多的民主主義的外表和最少的民主主義的內容。他力求藉其政府的光華燦爛去炫惑羣衆，並藉他所表現的決絕態度，使羣衆留下一個深刻的印象。他用共和的外表罩在國家上面，使羣衆相信革命的成就，是由他拯救並保存的。各黨派都對他懷抱希望。他的人格和意志馬上就統治一切。在執政政府的同僚原來是和他平權的，但他們在最初的時候，即感覺到他的優越處。渚哥斯（Ducos 執政之一）是一個無關輕重的人，他很崇拜拿破崙，所以無條件的贊成拿氏的意見。息葉耶斯（也是執政）在實際的國家事件中表現毫無經驗。這個擺空架子的僧侶式的學者，現在竟以完成自己的憲法爲滿足。此外他也很機警，看出了拿破崙在民間的威勢。他於三執政第一次會議之後，馬上就道：「我們有了一位先生，他懂得做一切事情，能夠做一切事情，並願意做一切事情」。其實情形也正是如此，拿破崙在實際的政府事件上，已經有充分的經驗；他的天才對於解決當前的問題十分敏捷，遂將這個滿具矜誇與幻想的修道院長（息葉耶斯）推在一邊了。拿氏在國民之前，獨力代表執政政府；至於他的同僚，幾乎不爲人所注目。息葉耶斯常提出建議，由拿氏加以決定；至於渚哥斯自己從不發表什麼意見。這位法蘭西的第一執政拿破崙，無異是專制魔王路易十四再出世。然而從革命高潮中疲敝下來的法蘭西民衆，竟一致的服從他！

反動的政局　拿破崙力求與資本家聯歡，此舉固不難達到目的，因爲他們視拿氏的武力爲其經濟利益的保障。他很決絕的取消强迫借債，遂與資本家言歸於好。他又廢棄嚴厲的「人質律」，得到王黨一大部分的來歸，因爲王黨的人並不限定都是波哈鎊朝的信徒。凡從前被放逐或不受法律保護的人，現在都因大赦令而恢復自由了。同時法蘭西國內和平秩序的恢復也極爲迅速。所以拿破崙將霧月十八日的政變所奪的統治權已經鞏固起來。他的手段固然敏捷，但他的幸運也不小。那時還有一個擁護他的大黨出現，這個黨沒有一定的政治綱領，只是要求秩序與安寧。拿破崙果然造成秩序與安寧，但是以犧牲自由為代價的。法蘭西這個橫暴的武人所造成的安甯，不是幸福的安甯，而是墳園安甯；他對於公共狀況所給予的秩序，不是蜂窩般的秩序，而是營舍的秩序。購買這種安甯與秩序所出的代價，對於法蘭西人民的幸福過於昂貴；因為他們所獲得的是一個左手持命令右手執匕首的專制魔王。法蘭西一七八九年以來的革命成績，完完全全被拿破崙蹂躪了。自拿破崙第一執政當權的時候起，法蘭西的政治又走進了舊的軌道。

軍事獨裁下的民衆

法蘭西革命的民衆在一七八九年攻奪巴士提爾獄的時候，在一七九三年打倒隙風黨的時候，在炎月革命反抗羅伯斯庇爾個人獨裁的時候，是如何勇敢的反抗統治階級啊！為什麽拿破崙這個開明的專制魔王一來，他們反俯首帖耳的服從他，甚而瘋狂的擁護他呢？我們現在來就各階級民衆加以分析罷。

先說資本家，拿破崙挾着堅固的武力，本來就大有助於資本家的利益。資本家看出這個青年將軍的指揮刀和他的光榮以及他對於軍隊所具的大勢力，就是防禦民主主義的騷擾與運動的城壁。他們對於施行强迫借債的督政部，憤恨塡膺，只要能安然剝削羣衆的勞動力，無論何種新政府的形態，都認爲正當的。拿破崙的軍事獨裁，能夠完全滿足資本家的希望。資本家獲得這樣的保鑣，當然要擁護他。

其次，小資產階級易於受驚，更容易屈服於這種新狀況之下。他們最能幹和最活動的份子，都在革命的鬥爭與危機中損失了：現在只剩下一種不活動的羣衆，他們是不容易興奮的，對於戰爭的光榮和戰爭的炫示，印象感覺最深，拿破崙對於這兩件事的成分最爲豐富，拿氏如果造成種種秩序，使一般市民能夠安居樂業，當能獲得這些人的同情。

其次工人們曾經過起無數的暴動，並於一個長時期中在巴黎取得政權。他們對於革命的大事變雖盡過不少的力量，但他們在這個長久而多變化的革命過程中，差不多沒有替自已得到一點利益。他們受盡一切痛苦：如生活的昂貴，紙幣的跌價，放債者的重利盤剝與物品的缺乏，和棍棒一樣擊在工人的頭上。因生產停滯和商業交通斷絕的影響所發生的失業，更成爲工人的一種痼疾。所以他們眼見的一切都是欺騙他們的：因此，對於拿破崙的刺刀驅逐五百人院中民主派的活劇只作壁上觀，無所感動。對於新的政權，也一樣安安靜靜的看着。他們惟一的希望，就是趕快恢復生產的秩序，使他們有工可做，不致成爲餓殍。他們從極度的激烈鬥爭中疲倦下來，願意暫時度一度安靜的生活。

最後，還有一個人數最多的羣衆便是農民。這些人自獲得一塊土地之後，已經變成保守派。他們在民主派之下所經歷的，只是騷擾，所以極力反對這一派；他們又痛恨紙幣，當着紙幣盛行的時候，不肯將生產品輸入市場。後來徵發物品之事發生，他們更爲憤怒，以爲政府要犧牲他們去養活首都的人民。有些人向農民說謊，揚言這是民主主義國家設施的目的，因此，他們更忿恨民主主義者。而且，一般農民一經坐在自己的土地上，便只看見自己的利益；既缺乏共同的意識，也不願對於全體人民有所犧牲。他們最怕的是擾亂，使一班亡命者得重返祖國，要求收回革命時所沒收的土地。一個民主主義的政府，不足以給予他們以充分的保障；所以很願意有一個具有鐵腕的政府出現，能夠確切維持現狀。因此，他們認拿破崙是一個最適當的人物。拿氏的軍事天才，使法蘭西成爲歐洲第一等的武備國家，足以保障他們不受外國的任何攻擊；而他的精力又足以鎮壓國內的一切擾亂。他們只要手中的土地保得住，便竭誠歡迎拿破崙的專制主義。他們將自己的幾十萬兒子供給他去從事戰爭，並且覺得每一次遠征都是爲謀土地利益而起的。他們可以說是拿破崙專制主義的主要支柱。

第二節　拿破崙的武力侵略

英雄主義的好夢

拿破崙始終是一個英雄主義者。他之所以用武力侵略歐洲各國及埃及敍利亞等地，完全是想實現光榮的英雄主義的好夢。他於一八〇二年夏間曾向國務會議宣言道：『假使西部歐洲有重開戰端之意者，則愈速愈妙，蓋爲日過久，則若輩漸忘其失敗之恥，吾人亦且滅戰勝之榮也。……法國所要求者，乃光榮之事業，則戰爭尙矣。……鄰國而欲和平也，吾亦何嘗不願，然一旦有戰爭之必要，則吾且先發制人矣。……就法國現狀而論，吾以爲所謂和平條約者，不過停戰條約而已，而吾之將來，必以繼續戰爭爲事者也。』一八〇四年，他又曾對人說道：『歐洲若不統治於一人之下，則將來永無和平之一日，——必有皇帝一人，以各國國王爲其官吏，分各國領土於諸將，凡意大利，巴瓦利亞(Bavaria)，瑞士，荷蘭諸國均應封一人爲王而兼爲皇帝之官吏』。我們讀拿氏這兩次野心勃勃的話，便可以知道拿氏好戰喜功的心理。歐洲出了這麼一位混世魔王，那得不殺氣騰騰大動干戈呢！我們現在就將這位魔王的歷年戰功，分別敍述於後：

歷年戰功的概略

（一）遠征埃及——拿破崙自從擊敗奧大利和它訂了 Campo Formio 和約以後，乃重返巴黎。在這時候，法國人民對他還未到十分擁戴的地步，他自己也不願賦閒於巴黎，變為國人不注目的人；所以他極力計劃遠征埃及，顯示他的戰功。當時英法兩國尚在戰爭狀態中，拿氏力陳遠征埃及的計劃於督政部。以為果能征服埃及，則不但可以奪取英人在地中海的商業權，而且可斷英人東通印度的要道。督政部聽其言，命率精兵四萬並大批海軍往埃及，並且聘科學家工程師一百二十八人隨營，負籌備他日殖民事業的責任。一七九八年五月十九日，法國軍艦自都龍 Tonlon 出發。因在夜中，所以駐在地中海的英國軍艦，絕無所覺。七月十九日抵亞歷山大城，登岸，即大敗土耳其人於金字塔下。至八月一日，英國海軍大將納爾遜（Nelson）率海軍攻至亞歷山大城，法海軍大敗，於是法軍通歐洲的要道亦絕。

（二）征敍利亞（Syria）——自土耳其軍隊在金字塔下失敗以後，土政府卽和法國宣戰。拿氏乃於一七九九年率兵循道向敍利亞而進。不幸在哀克爾（Acre）地方，竟爲土耳其及英國之聯隊所敗，於是又返師埃及，復佔開羅。恰巧這時法國內部政局非常危迫，外患也如驟雨急至，拿氏乃潛回巴黎。

（三）侵略羅馬——拿氏潛回巴黎時，法人大爲擁護，竟能一手改組法國政府，自居第一執政。當時法國駐羅馬的大使爲拿氏的兄約瑟夫（Joseph），羅馬的共和主義者，得約瑟夫的幫助，卽起兵革命。在市街混戰的當中，有一法國將官被殺，於是法國遂藉口派兵入羅馬。一七九八年二月十五日，羅馬共和黨人便宣布改建共和國。法軍除得新國所輸的六千萬佛郎而外，並將敎皇宮內的美術品多種移往巴黎。

（四）侵略瑞士——一七九八年一月，法軍因瑞士Vaud洲之勾結，侵入瑞士，擊敗Berne州的軍隊，並佔領該城。同年三月，奪其庫中所存的八千萬鉅款，並建設黑爾威抵克（Helvetic）共和國。

（五）攻佔賴浦爾斯（Naples）——自從英國海軍大將納爾遜戰敗法國海軍以後，英軍即返駐賴浦爾斯，意欲完全驅逐法軍於敎皇領土之外。一七九八年十一月，法軍攻入賴浦爾斯，大敗英軍。賴王族登英艦逃走巴斐磨(Palermo)。法人遂於一七九九年一月改建巴德諾波(Parthenopean)共和國，且刼其國庫，擄其美術品而歸。

一七九九年春，法國軍隊頗有所向無敵之概。天然的疆界，已如願以償。北得萊茵河左岸的奧大利屬之(Netherland)和神聖羅馬帝國的領土，南得沙福亞(Sayov)公國。其他如羅馬，巴達維亞(Batavia)黑爾威抵克，黎古利亞(Liguria)和西沙爾皮恩(Cisalpine)五個共和國，都成爲法國的附庸。同時拿氏並已佔埃及，向敍利亞而進以征服東方。

（六）二次攻入奧大利——一八〇〇年十二月，拿氏的宿將毛鶴(Moreau)

進攻維也納，大敗奧軍。於是有一八〇一年二月呂內微爾 Luneville 的和約。奧國仍舊讓了不少的地方給法國。

（七）攻佔葡萄牙——法國因英國海軍繼續不已的騷擾，乃實施大陸封港政策。惟葡萄牙乃和英國交通，允許英國船隻得以自由入港。一八〇七年十月，拿氏令葡國對英宣戰，並令其沒收英人的財產。葡國僅許宣戰。拿氏即命將軍許諾 Junot 率兵往攻葡，王室遂乘艦逃往美洲的巴西，法軍遂佔據葡萄牙。

（八）征服西班牙——一八〇八年十一月，拿氏率精兵二十萬人親征西班牙，十二月四日入其京城，廢除一切寺院及教會中的苛例，允許人民以職業上的自由，頗得西班牙一般工商業者好感。

（九）戰勝普魯士——一八〇六年十月十四日法軍大敗普軍於 Jena 地方，奪其要地，普王乃與之言和，臣服法國。

（十）東征俄羅斯——俄羅斯因本國的商業關係，很需要中立國的船隻往來運輸貨物，以致不能完全遵守法國的大陸封港政策，拿氏便決心大舉攻俄。一八一二年，拿氏募集新兵五十萬人攻俄，所向披靡，惟俄人用堅壁清野之計，沿途敗退時，將房屋焚燒，生活資料都搬遷一空。使法軍飢寒交迫，不能久持，所以法軍雖然攻入了莫斯科，終竟不能不退出。可是兵士死亡過大半了。這可以說是拿氏武力侵略的大失敗。

武力侵略的社會基礎

以上是拿氏歷年戰功的大概。至若其他的大小戰爭，舉不勝舉。拿氏好戰喜功，固然是由於他的英雄主義之驅使，但法國民族主義之勃興，也是最大原因之一。法國的民族主義是怎樣促成的呢？一方面由於法國革命時代各反動國家的聯合壓迫，另一方面則由於國內工商階級勢力的發展，拿氏若不能得着國內工商階級的擁護，又怎能東征西戰，攻城奪地，毫不發生內部的牽制呢？中國古語有云：『兵，凶器也；戰，危事也。』法蘭西的工商階級，豈有不領悟之理？祇因其利益所在，不得不擁護拿氏去開闢市場，搶刼財富！拿氏也樂得耀武揚威，完成其個人英雄主義的好夢。只可惜歐洲大陸的民衆，太受犧牲了。

第三節　法蘭西帝國

拿破崙帝制自爲

拿破崙爲野心所驅策，總是向前猛進，他自己已經做了第一督政，尚不滿足，還要希圖外表的光榮，他本是從革命戰爭中跳出來的一位英雄，口中誓死擁護共和政體的一位人物，現在一旦獨握中樞大權，便改變以前的態度，準備名副其實的做皇帝，這本是不必大驚小怪的事。但是隨便什麼人都容易看出，拿破崙雖久已成爲一個事實上的皇帝，但在形式上仍應有一番舉動。在法蘭西的各會議中，也有一種熱烈的煽動，有人預備提議請拿破崙做法蘭西的皇帝。一個皇帝，就是表示一個强大國家的統治者，這個尊號，必足以滿足法蘭西人民的野心。它使人們連帶想起古代皇帝的尊嚴，將黃袍加在革命中第一個暴發者的身上，這種喜劇，是顯明而無味的，但它畢竟成功了。

一般官吏和著名的士紳組織一種請願隊，向第一督政陳述他的權位必須改爲世襲，才能夠保障法蘭西使不受內外仇敵的侵害。這次請願竟將老奴隸機關維持會議推動了。這個會議便於一八〇四年三月二十日送一種文書到第一督政處，申明他的世襲權位，對於法蘭西的幸福是萬不可少的。這一封滿紙奴氣的勸進書中說：『第一督政！你開了一個新紀元，但你必須使這新紀元永久保持下去。光榮如果不能長久存在，絕不算一回事，我們相信你已經具有這樣偉大的思想，因爲你的創造天才能涵蓋一切，靡有遺忘，但你不要遲延下去。時代，事變，詭謀者和野心家所造成的紛亂，使法蘭西人不遑寧處，你因此感受壓迫。然你只要替法蘭西創立法制，鞏固你的子孫萬世之業，你便可以挽回時代的橫流，宰制事變的發展，並解除野心家的武裝，使整個的法蘭西共享安甯幸福。第一督政！你只管相信本會議是用一切國民的名義向你說話。』拿破崙自然十分

請願與勸進

欣喜，但還嫌不十分滿足。於是答覆他們道：『我對於你們的文書未嘗時刻忘懷。它變成我的不斷的思考的對象。你們以爲國家元首的世襲是保障人民，消滅我們仇敵的詭謀和野心家擾亂所不可少的。同時你們又認永久保障平等與公共自由的勝利以及鞏固民族與政府的安全，必須完成許多法制。當我愈加注意於此等大事業時，便愈加覺得我處此重要的新環境中，非常需要你們的明哲的忠告與經驗，來確定我的一切觀念。因此我要求你們將你們的思想完全發表出來。』維持會議立即議決：『本會議確信將共和政府交給拿破崙改爲世襲的皇帝，對於法蘭西人民有極大的利益。』維持會議此項決議於五月三日送到研究會議，這個研究會議對於第一督政所表現的諂諛與奴性，更是登峯造極，雖然有一位老共和主義者卡洛特反對恢復君主政治，但終於爲大多數的奴性會員所通過了。

維持會議遂於一八〇四年五月十八日議決宣佈第一督政拿破崙爲法蘭西人的皇帝，是爲拿破崙第一。拿氏的皇帝名稱全文至爲矛盾，就是：『奉天承命並由共和國憲法產生之法蘭西人皇帝拿破崙第一。』由共和國憲法而產生一位奉天承命的皇帝，眞是滑天下之大稽。然而拿破崙是一位英雄，英雄所做的事，總是非常超絕的啊！

歷史的逆轉

法蘭西人民對於宣布新皇帝一事。並沒有什麽特殊的表現，因爲民衆對於這個已經宰制了法蘭西的專制統治者稱爲第一督政或稱爲皇帝，是漠不關心的。然軍人與統治階級却大爲興奮。從革命中崛起的一般人物，也低首下心向他求榮。拿破崙此時完全依照舊君主制度的規模，組織他的宮廷。此時所確立的君主專制，回轉到一七九一年憲法的後面甚遠，並且超過一七八九年以前波哈鎊朝君主專制的實質。革命好像是跑了一個圈子，此刻又逆轉到它的出發點去了。

加冕的喜劇

拿破崙於一八〇四年十二月二日在巴黎聖母院教堂(Notre-Dane)，以極堂皇富麗的威儀，舉行加冕禮。教堂，全體教士，新貴族，一切高級官吏以及外國代表一齊到場。自教皇在聖壇上替拿氏行傅油式，並加冕寶章祝福後，正想將皇冠加在他的頭上，但拿氏急忙攫得皇冠自己戴在頭上。然後和皇后升登寶座，宣讀載在福音上的誓言，再由司儀官大聲宣佈：

『至尊無上的法蘭西皇帝業已加冕，并升登寶座。謹祝皇帝萬歲！』

參加典禮的人均高呼『皇帝萬歲！』同時外面禮砲聲音大作。這一幕『共和國憲法產生的』皇帝加冕的喜劇，就算閉了幕。

帝國的成績

拿破崙即帝位之後，第一便使教會附屬於政府；第二便大赦貴族的政治犯，使逃亡的貴族均熙熙攘攘的歸國；第三是恢復革命前的風俗習慣；第四便嚴令檢查出版物，限制言論自由。這一切，都是拿氏為自己統治地位而設想的。可見統治階級的舉止，在表面上都是為國家人民謀幸福，實際上却都是為自己打算呢。不過，還有一件事，值得我們注意的，就是拿氏在第一督政任內，會經親自監督編撰了一部很完全的法典，為法德荷比等國法律的範疇。這部法典，世人稱爲「拿破崙法典」，在當時的社會情形看來，這部法典，確有幾分平等主義貫澈其中；但終究脫不了保障資產階級的平等主義的意味罷了。拿破崙的法蘭西帝國，有了這部法典，更表現得在歷史中具有幾分特色。聰明的拿破崙，獨具特色的拿破崙的法蘭西帝國，立使法國的民主革命，重復轉了一個圈子！一切進化，都是辯證式的，有革命必有反動；有反動亦必再有革命，我們從此更多得一項證明。

第四節　英雄主義告終

各國民族主義的抬頭

拿破崙的武力，雖能屈服西部歐洲諸國的君主，而不能阻止蒸蒸日上的民族精神。因爲西班牙，德意志，意大利的人民均以屈服於法國皇帝之下爲可恥，表現得最有力的便是普魯士。一八〇七年十月，普魯士王爲人民所逼，決心改革國內政治，廢除佃奴及階級制，允許人民自由經營，充實國民經濟。同時又實行徵兵制，準備舉國抗法的戰爭。普人自廢除佃奴及階級制後，極力注意於激起民族精神之活躍。此種運動的領袖，爲著名哲學家費希特(Fichte)。他在一八〇七年至一八〇八年間，在柏林公開演講，喚起德國人的自强精神，努力於抗法的鬥爭。一般學者都隨聲附和，而普魯士人民的愛國精神，爲之大振。拿破崙的英雄主義，已從此預伏了一個大敵。

被壓迫民族聯合戰線

自拿破崙東征俄國失利以後，五十萬大軍，只救得兩萬人歸來。他雖然回到巴黎，重新召募六十萬新軍，但國內人民已不若從前愛戴他了。加之自從他征俄失利消息傳到歐洲各國之後，各國人民都準備着復仇建國的工作。首先叛離的，便是普魯士。普國大將約爾克(Yorck)首揭義旗，聯俄攻法，與大利與瑞典繼續起兵。拿氏孤軍抵抗聯軍於里浦椎格(Leipzig)先後凡四日，卒爲聯軍所敗，死傷不下十二萬人。德人稱此戰爲『民族之戰』(Battle of Nations)，意即各國民族聯合爲爭獨立而戰。拿氏既敗，萊茵河同盟先叛，荷蘭人亦起而驅逐法軍於國境外，英國大將威靈敦（Wellington）亦援助西班牙以逐法軍。至一八一三年冬，西班牙全境已無法軍足跡。威靈敦遂越皮利恩斯山（Pyrenees）以侵入法國。

拿破崙的歸宿

拿氏雖敗，聯軍諸國還想和他言和，但以法國放棄以前所侵佔的領土為條件，拿氏不允。聯軍遂長驅法國，攻入巴黎，拿氏被逼退職。但聯軍許其仍得用帝號，退居愛爾伯島（Elba）。拿氏雖仍以帝號自娛，實際上已成俘虜。故法國波哈鎊朝（Bourbon）乃得乘機復辟。但復辟之後，一切措施頗不滿法人之意，同時，同盟各國又復互相猜忌，未能一致。拿氏知道這些消息後，突於一八一五年三月一日逃出愛爾伯島而返國。法軍聞風興起，仍舊投到拿氏麾下，同盟各國聞之大駭，又決定聯合進攻法國以逐拿氏。拿氏聞英將威靈敦，普將布魯舍（Blucher）已率軍到達荷蘭，乃急親率新軍以禦之，先戰敗普軍，然後進攻駐在滑鐵廬（Waterloo）的英軍。在一八一五年六月十八日的那一日，英軍幾不能支，幸得普軍來援，遂大敗法軍。拿氏退路斷絕，乃向海岸而逃，不得已投入英國軍艦。英政府卽以俘虜待之，將他拘押於聖海倫那島（St. Henena）。拿氏居此六年，鬱鬱而終。這便是拿破崙英雄主義之結果。以拿破崙這般的本領，處於那般民氣激昂的法國，尙不能以武力統一歐洲，實現歐洲皇帝之夢想，而卒爲被壓迫的民族聯合勢力所敗。處於今日全世界被壓迫民族聯合以趨解放鵠的之時，還有帝國主義的國家如英美日法等，想繼續侵略各弱小民族，以實現其獨佔全世界經濟利益的夢想，那不是自速其崩潰嗎？

拿破崙失敗的主因

拿破崙在各國聯軍包圍之中，終以失敗了。失敗的主因當然在內部，得不到內部民衆的擁護，所以橫行一世的拿破崙，走到末路，無法再起。法國在一八一一年，遇到絕大的經濟危機，加以可怕的饑荒，民衆受害最烈，怨聲載道，是不待說了。就是資本家對政府也不滿意，拿氏感受財政困窘，祇好實行間接稅：其大陸封鎖政策，本來想藉此發展法國工業，結果適得其反，致法國與各國商業關係斷絕，摧毀工業發展的基礎，引起嚴重的金融危機，許多金融機關因此破產，工廠也紛紛停閉。農民更不堪屢次徵兵之苦，一八一三——一四年，兵士臨陣偷逃者大有其人。苦於二十二年不斷的戰爭而至精疲力竭的法蘭西，當然渴望和平。拿氏除少數職業戰士外，在法國已找不到其他擁護者。這就是說，在當時具體環境之下，拿氏已完成其歷史的任務，結束了革命，鞏固資本家及農民在革命中所得的利益，他們再用不着這位英雄了。從前受人擁護，故對內對外，指揮如意；現在一切都變了，從前擁護他的人，都棄他如敝屣了，他只剩下一個孤家寡人，成了「獨夫」，所以在各國民族運動指頭的洪流中，就不能抵禦而因之沉沒了。

練習問題

（一）拿破崙完成軍事獨裁的必要條件有幾？（對外——牛耳，威權，執政，——對內——社會支杞，扳瀧附鳳，賠償。

（二）拿破崙的戰功是否由於他具有軍事天才？除軍事天才外，尚有其他不可缺的因素麼？

（三）拿破崙的專制主義與路易十六的專制主義，有無差別？

（四）試探究拿破崙失敗的原因。

參攷資料

（一）法國革命史下册（亞東圖書館）

（二）現代文明史第七第八兩章（亞東圖書館）

（三）近代歐洲史第十六章（黎明書局）

（四）Eighteeuth Brumaire of Lauis Bonaparte, Chap, XX

第五章　維也納會議與歐洲形勢

第一節　維也納會議的解剖

第一次巴黎條約

各國聯軍於一八一四年三月三十一日攻入巴黎，拿破崙被逐於愛爾伯島(Elba)之後，聯軍諸國結有第一次巴黎條約。關於拿破崙敗後歐洲善後問題之比較易於解決者，已在此條約中有所協定：如法國波哈鎊(Bourboon)王朝恢復，仍保有一七九二年的國境；於阿連基(Orange)王室之下，建設一個尼德蘭(Netherland)王國；德意志成一個聯邦組織；瑞士定爲永久中立；意大利的諸君主國家復舊。此外尚有關於共同利益的問題之協定：最重要者爲國際河流之協定，例如萊茵河宣告航行自由，些爾德河(The Scheldt)宣佈開放等。巴黎條約雖然重要，但不能處分歐洲一切問題；所以還須召集一個會議來解決，有名的維也納會議 (Tho Congress of Vienna)，就應運而生了。

維也納會議的性質

第一次巴黎條約上規定：『凡加入戰爭之國家，不論屬於何方，均當於兩個月內派遣全權代表赴維也納開會，議決一切完成本條約上所規定之必要的協定。』是明明招請歐洲一切國家公開會議。但聯軍諸國，另以一種祕密條文，保留決定基本條件之權。關於法蘭西遺棄的領土的處分及歐洲均勢關係的確定，當依此基本條件以行。幾個巨頭預定分割計劃，維也納會議所做的事，不過就列强彼此已經協定之基礎，加以補充而已；換言之，即登記聯軍諸國之裁決而已。所以維也納會議並不是一個和會，不過是在人材濟濟的廳堂中，在光耀奪目的裝飾中，在宴會，跳舞與音樂的迷離中，聯軍諸國實行分配他們的勝利品；老實講，維也納會議就是分贓會議。

在會議中活躍的人物

第一次巴黎條約雖定於兩個月內開會議，但歐洲各國的代表於一八一四年九月始齊集於維也納。除通常外交大使外，君主躬親與會者亦多。到會君主中之重要者，爲俄普奧三國君主，尤以俄皇亞力山大第一 (The Tsar Alexander I) 最有名，外交大使中的重要人物，則有英國的加斯列里 (Castiercreagh) 威靈敦(Wellington)普魯士的哈丁堡(Hardenberg)奧國的梅特涅 (Metternich) 和法國達列黃 (Talleyrand)。其中尤以梅特涅與達列黃最活躍。

分贓席上的衝突

亞力山大在維也納會議裏有三個目的：第一，使波蘭成爲聯合的王國，制定自由憲法，受俄國的保護：第二，鼓勵別國君主也頒給憲法：第三，組織一個像國際聯盟一樣的機關，保護各國權利，這些目的，最不適合梅特涅的胃口，奧國的守舊派，都說亞力山大好高騖遠，不能成正當事業。而亞力山大亦討厭梅特涅的圓滑與虛僞，有時竟叫梅特涅爲扯謊家。可是衝突的中心是波蘭與薩克森 (Saxony) 問題。亞力山大要求獨占波蘭，以此引起加斯列里之反對，因英國不願俄國併呑這塊肥肉。亞力山大又提議把薩克森的全部賠償他的朋友——普魯士（因普魯士願把波蘭的一部分讓給俄國），而梅特涅又不贊同，恐怕這樣一來，普魯士强大，於奧國有損。不久以前，他們是結成聯合戰線去打拿破崙的，可是一到拿破崙成了死老虎的時候，分贓問題就必不可免的發生衝突了。

達列黄的成功

在英俄普奧四强衝突之中，從來不讓機會從指隙裏滑過的達列黄便有縱横稗闔的餘地了。達列黄在拿破崙時代，曾任外交要職；拿氏敗後，路易十八（路易十六之弟）入承法國王統，即賴其力。他因此爲法國新政府的外交大臣，在訂第一次巴黎條約時，親當交涉之任。他代表戰敗的法國，出席維也納會議，其地位之不利，活動之困難，可以想見。然而他卒能發揮老練外交家的本領，在會議中大施活動，以增進法國的利益，實不能不令人驚佩，許爲弱國外交的模範。他瞧着聯軍各國快要分裂的時候，就與英奧聯絡，共同阻止俄國併吞波蘭以及普魯士併吞薩克森。他常常引用原則，證明他的行爲正當。在這案件裏，他所引用的原則，就稱爲「合法」（Legitimacy）。他說：和議應當把拿破崙所侵略的土地，歸還合法的君主，即從前的君主。如果這個原則不能應用，就當退後一步，用「賠償」（Compensation）的原則，那就是說，用相等的東西，來賠償每個統治者所受的損失。於是「合法」與「賠償」就變成維也納和平條約中的兩大原則了。根據這些原則，自然只滿足君主的要求，不顧及人民的願望。

維也納會議的成果

維也納會議的成果可以分爲四部：（一）依合法原則恢復統治者及政府的原位；（二）重分被征服的土地，協定補償；（三）改造德意志；（四）決定各項經濟上商業上的問題。茲分別說明如次：

（一）恢復舊政府問題——此種問題易於解決。路易十八入承法國王統，即爲合法原則之第一次應用。當時更承認辟斯第七（Pius VII）復教皇位，菲地蘭第七（Ferdiland VII）復西班牙王位，耶瑪留（Victor Emmanuel）復沙地尼亞

(Sardinia)王位。此外，瑞典君主，德意志出亡諸侯，漢洛埠(Hanover)王室，荷蘭王室，葡萄牙王室，均各恢復原位。瑞士宣告爲獨立的永久中立國。因此。以前由法國革命及拿破崙所施行的王朝變更，從此都各還舊主了。

（二）土地分配問題——說到土地分配的問題，便非常困難。關於第一類的土地分配，即列強在戰時所佔得者，因爲先已有條約協定，故問題較爲簡單，如俄國保有芬蘭(Finland)倍沙拉比亞(Bessarabia)；奧國保有倫巴多威尼沙(Lombardo venetia)，替羅爾(Tyrol)，薩茲堡(Salzburg)，及理希頓斯太因(Liechtenstlein)；普魯士保有萊因河流域的大部分，薩克森的五分之二，波美拉尼亞(Pomerania)的一部分；英國則以殖民地與海軍根據地爲其勝利品——近德意志海岸的黑耳郭蘭島(Heligoland Island)，地中海內的摩爾太島與愛奧尼亞羣島(Maltaand the Ionian Islands)，印度洋中的錫蘭島(The Island of Ceylon)與非洲南部的好望角。關於第二類的土地分配。係就恢復了的國家，加以擴大，其目的在維持歐洲的均勢，防禦法國再起。例如荷蘭領土之擴大，比利時諸省應歸荷蘭王統治；將挪威合併於瑞典；將吉諾亞(Genoa)併入沙地尼亞，端士於原有十九州之外，新添日內瓦（Genwa），洛奢過耳（Neuchatel）與瓦芮（Valais）三州。至於第三類的土地分配則是波蘭與薩克森問題，爲此次會議爭執的中心，結果：波蘭分成四部分，一部分給普魯士，一部分給奧國，其中大部分爲俄所併，還有一小部分建立克拉科獨立共和國（The Independent Republic of Cracow）。薩克森經達列黃大賓氣力之後，仍由薩克森王復位，但國土畢竟分裂了，普魯士取得其全土之半。

（三）德意志改造問題——當拿破崙戰爭中，德意志的土地區劃，變動最大。原來國數達三百餘之德意志，至一八〇三年，已經消滅二百餘國。一八〇六年，神聖羅馬帝國取消，拿破崙在德意志境內，建立許多的獨立王國，以爲德意志統一的障礙。後來巴黎條約，宣告德意志當組成一個聯合體。關於德意志的組織，本有三個方式：（一）世襲的帝國；（二）強有力之集權的聯邦政府；（三）緩弛的同盟。普魯士及巴瓦利亞（Bavaria）反對帝位復活，梅特涅又反對強有力的聯邦政府，而由自己提出一草案，採用弛緩的同盟組織之原則；結果卒於一八一五年六月八日，議決採用梅特涅的方案，由全體國家簽字，德意志同盟（聯邦）遂告成立，此同盟包含三十八國。

（四）國際共同利益問題——維也納會議議及國際共同利益問題，以二月八日之宣言：英，俄，西班牙，瑞典，葡萄牙，普魯士，法蘭西，奧大利八國，聲明願禁止奴隸販賣。第一次巴黎條約關於國際河流航行自由之規定，現在擴充到與會諸國所管的一切西方河流。

維也納會議的缺陷

維也納會議上各外交家所解決的方案有一個根本的缺陷，即蔑視民族的意志，他們只把這一州那一國從這位專制君王手中，傳到那位專制君王手中。比利時合併於荷蘭，便引起比利時人的不平；挪威合併于瑞典，便引起挪威人的反抗；又如波蘭，德意志，意大利各民族，都被宰割得支離破碎。這些被壓迫民族處在維也納會議所造成的鎖鍊之下，簡直透不過氣來。這卽是說，在維也納會議這幕滑稽戲中已撒布許多次歐洲戰爭與革命的種子了。歐洲在十九世紀，民族解放運動高漲，當非偶然的事。

第二節　梅特涅與神聖同盟

歐洲均勢之局及其重心

維也納會議，重建歐洲均勢之局；這個均勢，由俄普英奧法五強維持之。此五强沒有一國有支配全歐之力，或敢單獨挑戰的，以致均勢幾乎維持半世紀。在五强國中間，有一個中央部分，分成若干小國，卽德意志諸邦，意大利諸邦，荷蘭，瑞士等國。奧國支配那些分裂的德意志與意大利，無志於擴張，而利於維持這種分裂的狀態。俄國合併從前隔斷俄國與歐洲的邦土舊波蘭國，惟餘一克拉科（Cracow），立爲共和國。瑞典失去芬蘭及波美拉尼亞，退到斯干地那維亞（Scandinavia）一隅，土耳其帝國則被屏於歐洲公法之外了。

歐洲政治支配於俄普英奧法五强之手，旣如上述，至於他們的外交方針，均由政府主持。但法政府注全力於內政；英保守黨內閣以維持現狀爲滿足，對於大陸事情常持消極態度；普王畏縮遲疑，不能取獨立的行動；他們在當時的歐洲外交史上，均居於被動的地位。惟有俄奧兩國政府，在外交上爲主動的，而能以其政策加於他國。操縱歐洲政局的中心人物，是俄皇亞力山大第一與奧相梅特涅兩人，而尤以梅氏實際上的勢力爲大。

神聖同盟的建立

維也納會議雖已告終，然欲維持其結果與防止革命餘燼之復燃，則諸國間之同盟，顯然有繼續存在之必要。俄皇亞力山大第一卽有組織宗教同盟以維持和平的計劃，這就叫作神聖同盟（The Holy Alliance），奧皇及普王均贊同此計劃，遂於一八一五年九月間宣布成立。三國君主以同盟兄弟相待，爲『統治一家三族之上帝代表』神聖同盟的宣言，包括一項序言與三項條文：其序言說，俄奧普三國君主鑒於過去多年的變亂，深覺有依基督教眞理處理相互關係的必要。其條文是：（1）約定三國君主常相援助；（2）勸令人民實行救主的教義；（3）邀請各國贊同這項宣言。神聖同盟的性質原帶宗教的意味，各國統治者不甚重視之。後來因爲梅特湼了解神聖同盟是鞏固現存制度之有力的工具，存心利用，其影響乃極大，所以有些人把神聖同盟的主義與梅特湼的政策，常常混作一談。

摧殘革命運動的神聖同盟

所謂神聖同盟，實際上是摧殘一切革命運動的武器。自神聖同盟建立之後，梅特湼企圖把歐洲各國鎮靜下去，使合於專制政治的情勢。他結合俄普英奧四國充任國際警察，以便摧殘一切革命運動。到一八一八年，就在愛斯拉沙伯（Aix-la-Chapelle）地方舉行第一次國際會議。各國代表發出共同宣言，其目的，在反對擾亂維持和平，保障已經成立的一切協定。這次會議確是梅特湼的政策得到第一步成功，他自詡今後既可以壯各國愛好和平者之膽，復可以使一般喜新作亂之徒爲之戰慄。

愛斯拉沙伯會議之後，不到二年，反對專制政治的革命，在西班牙，葡萄牙，拿不勒斯（Naples），沙地尼亞與希臘等地，先後爆發。各國政府一見梅特湼的請帖，立刻派代表到特拉波（Troppau）去參加會議。當時曾簽立草約，否認革命的合理，遇必要時，就用武力鎮壓，從前主張制定憲法的俄皇亞力山大也被梅特湼的守舊觀念所克服了。所以俄皇對梅特湼說：『你告我應該去做的事，我必一一照辦』這些國際警察幹過一些什麽呢？它們曾拒絕幫助那反對土耳其蘇丹的希臘革命，曾允許奧國軍隊恢復意大利的秩序，曾派法國軍隊彈壓西班牙革命。梅特湼說：『歐洲的君主，都須用堅硬的阻礙物，放在這革命的狂流之前。』

神聖同盟的瓦解

可是，無論神聖同盟如何殘酷？無論梅特湼如何狠毒？終不能把當時的革命運動扑滅下去。並且另一方面，梅特湼所稱的「阻礙物」也漸漸瓦解了。在一八二〇年特拉波會議之際，英國代表拒絕在草約上簽字，以爲同盟的目的，不過是保持現存的國界，並非擁護現存的專制政體。到一八二二年，英國又表示同盟不應該批准法國干涉西班牙革命。英國已變爲革命的朋友了。以後，英國更進了一步，不獨不去摧殘革命，反而用各種方法，助長革命。當法國提議要求出兵幫助西班牙協同克服美洲殖民地革命時，英國卽起來反對。反對的原因很簡單，就是這些殖民地的革命政府比西班牙本國更歡迎英國的貿易。同時，美國也挺身向前，反對上項干涉，美總統門羅（Monroe）曾於一八二三年宣稱同盟國所加於西半球的任何壓力，當被視爲「危及我們的和平與安全」，美國不願干涉歐洲的事情，歐洲也不可過問美洲的事情，這就是有名的門羅主義（The Monroe Doctrine）。因此，英美二國都承認革命的殖民地爲獨立國。後來，英國又幫助希臘人反對土耳其蘇丹，迫得土耳其無法，於一八二九年承認希臘爲獨立國。美洲殖民地與希臘的獨立告成，梅特涅所築的阻礙物便湮沒於革命的狂流之中了。

第三節　法國復辟與七月革命

路易十八的政治設施

法國路易十八，雖逃亡在外二十餘年與革命爲敵，但當一八一四年復辟之時，法國人民並無反抗的舉動。因爲法國自拿破崙窮兵黷武以來，民窮財盡，大家都想度太平日子，路易十八既然能夠與歐洲各強國相安無事，人民也就擁護他。他當幼年時代，歡喜研究福祿特爾（Voltaire）等人的哲學，所以對於一切革命的建設，也並無推翻的意思。他在一八一四年六月所頒佈的憲法，關於國權雖多保留，然對人民自由亦有保障。此憲法後來路加修正繼續爲法國憲法者三十五年，且爲十九世紀上半期一般立憲國家憲法之模範。憲法中規定設一國會，採取兩院制。上院貴族由國王任命之，下院代表由富民選舉之。但提議法律之權，操於國王，下院只不過可以請願立法而已。但維持革命時第一次的人權宣言的原則，宣布人民法律上一律平等，在法律中一律自由。因此，法國雖復辟，然其政治的建設，却比拿破崙時代爲進步。

當路易十八時代，貴族企圖恢復大革命前的舊秩序是絲毫未實現的。但他於一八二四年去世，其弟弟查禮第十（Charles X）即位情形就更加惡劣了。

查理第十的專制主義

查禮第十受教士的指使，變更原來的政策。例如貴族之喪失財產者，每年發國幣數千兆佛郎以賠償之，這不明明是剝削勞苦民衆以補償貴族嗎？此等政策既行，反對的當然很激烈，他一點也不顧及。且於一八三〇年七月實施專制主義，根據憲法上君主有爲公安而立法的規定，便下令數通，規定檢查出版的條例，增加選舉權上財產的限制，聲明惟君主獨有提議立法之權。因此憲政精神摧殘殆盡，人民權利已毫無保障了。

七月革命與路易斐利布

下令之次日，即七月二十六日，巴黎的新聞記者提出抗議，宣言他們不能遵守王命，仍當繼續自由出版，並謂國王既剝奪民權，則人民不應再忠於王室。至七月二十七日，巴黎城中的共和黨人便起而組織武裝勢力，反抗王室。至七月二十九日，巴黎全城都入了共和黨人的掌握。查禮第十知事體已擴大，乃與國會商酌收回成命之法，然爲時已晚，國會已不能開會了。一般資本家，已在計劃歡迎奧爾良公（Duke of Orleans）的兒子路易斐利布（Louis Philippe）入承王位。斐利布極熱心於共和，法王復辟以後，他又極力主張民主政治以欺騙國人；所以一般資本家都歡迎他。查禮第十被逼退位之時，乃傳位於其孫波多公（Bordeaux），稱爲亨利第五，並命路易斐利布爲中將，負實行王命之責。此種處置，本可望人民的贊許；但路易斐利布別有野心，並無實行之意，反而一意結好於共和黨人。因七月革命，共和黨的功勞居多，而且有擁護老將辣斐德（Lafayette）組織臨時政府的舉動。那時候，革命黨人設委員會於市政廳內，四周均有武裝的革命民衆保護着。路易斐利布知道要想做法國國王，便非和這般革命份子妥協不可。於是走進市政廳，以甘言蜜語說服辣斐德。辣斐德本來是一個蠢材，那得不笑瞇瞇的心悅誠服呢！果然，滑稽劇又開幕了！辣斐德和斐利布攜手於窗外的平台上，辣斐德手抱斐利布以示親密之意，而斐利布也手搖三色之旗以表其同情革命之忱，四周民衆便歡聲雷動。斐利布固善於投機，而當時的革命者，亦未免太幼稚了。

七月革命的影響

一八三〇年的法國七月革命，雖祇支持三天，又發生了另一帝制（七月帝制），但在三天之內，却把全歐震動了。比利時在一八一四年維也納會議上，强併於荷蘭，然受七月革命潮流的激盪，也爆發了暴動，脫離荷蘭而獨立。同時，革命運動在波蘭的華沙（Warsaw）也爆發了，一部分在俄皇統治下的區域得到選舉權，以後整個脫離俄皇的統治而建立波蘭帝國。然而七月革命的影響幷不止此。最重要的是給神聖同盟以大的打擊。神聖同盟對於一八一四年以來的革命及一八三〇年前的騷動是不難鎭壓的，可是對於七月革命就無法應付，全歐洲的帝國迫不得已而承認法國路易斐利布爲「巷戰皇帝」了。

路易斐利布於八月三日召集下議院，宣布查禮第十退位，惟不明言其繼位之人。四天之後，下議院議決斐利布入承大統，上院立即承認。

七月帝制

斐利布允許即位時，曾說：『吾實無法拒絕國家之召我。』眞是滑稽劇中的笑白呢！因爲路易斐利布即位正在七月革命之後，所以這一階段在歷史上稱爲「七月帝制」。當時全國的立法事件都由兩議院處理，第一院是由貴族組織的，經法皇直接委任。第二院是由法國國民代表組織的，可是享受國會選舉權者限於年納二百佛朗直接稅之人，所以在全法國三千餘萬人民中，取得選舉權者只有二十餘萬人。這些人都是大私有財產者，大富豪，大工業家。因此，法國國王，國務大臣，以及兩議院，幷不是全體資本家統治的武器（中小資產階級與勞動者更說不上），而只是資本家中的一部分——大資本家的炮台而已。嗣後所宣布的法律都是代表大資本家利益的。巴黎商會（大資本家的組織）在對外對內政策上有左右一切的作用，它隨時可以變更內政外交。當時建築鐵路頗盛行，政府强收賦稅充實國庫以作建築金，但一部分企業家却因此獲利。大資本家的利益始終與大多數人民的利益衝突。不僅在建築鐵路上如此，即其他事件亦是如此。路易斐利布既變成一部分人的工具，自然把整個社會弄得騷擾不寧，一八三二年，一八三四年，一八三九年在巴黎里昂等處繼續不斷的發生暴動，決不是偶然的。到一八四八年，饑荒失業到處皆是，革命之神又向巴黎光顧了。

第四節　英國的選舉改良與憲章運動

資本家與貴族地主的矛盾

十九世紀初葉，英國政權掌握在大地主手中。他們把持國會——上議院及下議院——，這少數人就以自己的私見及利益去管理全國。資本家在國會內幾乎沒有代表，他們也沒得選舉權。工業革命後，許多工業中心地發展起來，居民數目達到十萬或數十萬，但沒有選派代表到國會中去。倫敦城於一八二一年有一，三七九，〇〇〇居民，國會中僅有四個代表。然而在幾個舊的農業區，其代表却非常之多。農業區的居民多受地主的經濟協助，同時又怕這些地主，只好選舉貴族地主做國會代表。三十個老區域（所謂腐朽市鎮 Rotten Borough)，總共居民不過三百七十五人，竟有六十個代表，這就是說，每六個人選舉代表一人（這些市鎮，自古卽有選舉兩個代表的權利，不問人口多少）。資本家對此忿恨已極，他們也想把大權攬在手上，要向國會佔取勢力，以便發展自己的利益。他們需要國會改良，需要選舉權擴大，但是那些享有特權的貴族，對於改良二字，聽也不願聽，所有擴充選舉權的計畫，一概被拒絕了。

選舉改良運動的擴大

於是資本家就在全國宣傳實行改良選舉。他們想抓住廣大羣衆，利用羣衆力量，以達到選舉改良，果然就得了小資產階級羣衆的代表，如激進的民主派，爲之奔走鼓吹；而工人羣衆也加入這個運動。工人也希望政治改良的結果，或可以採用一些新的經濟設施，以改善自己的生活。資本家固然祇希望局部的改良，祇希望有產者才有選舉權，不過在當日却不得不盡量利用羣衆運動。運動的中心，在工業區域曼徹斯特（Mancherter）城。一八一九年夏季，在該地召集八萬人的國民大會，警察與騎兵突入會場，大施殺戮，死傷六百餘。這一次虐殺，激起全國人民的忿怒，羣起反抗，甚至資本家方面也有表示。政府恐懼之餘，重新頒布多種法律，禁止人民言論，出版，及集會的自由。運動暫時平息下去，隨後又帶着加倍的力量再事爆發起來。

一八三二年的選舉改良

自一八二九年，經濟恐慌時起，民衆運動漸次抬頭，而且帶着嚴重的性質，不但嚇倒政府，連資本家也十分畏忌。羣衆常常騷動，焚燒房屋，與軍隊衝突。流血的罷工遍於各地，革命彷彿是開始了。一八三一年，進步黨入組內閣，向國會提出關於改良選舉的法律草案。同時資本家組織「全國政治同盟」並在各地設立分會，作了很大的宣傳，以期要脅國會通過這草案。資本家不惜金鈔，派人四出鼓吹，小資產階級及工人羣衆也起來響應。資本家一面蒙蔽羣衆，說同盟目的，是要得到實際有力的代表中等人民與工人的下議院，一面利用羣衆以威迫統治上下兩院的地主貴族，每當草案一被否決，（這個草案共被否決三次）政治同盟便於倫敦及各省中召集羣衆大會，以人民革命恫嚇國會。結果，國會就通過該草案，一八三二年的選舉，總算給了些溫和的改良，根據這個法案，在鄉村中有不動產而每年收入值十鎊以上者，及每年收入值五十鎊的佃戶皆有選舉國會代表的權利；城市人民凡有或租有房產年值十鎊以上者，皆有選舉權。新法案將選舉人的數目增加二十五萬，這正是大工業資本家所企求的。大資本家得着選舉權，而擁護他們的民衆却依然故我。

選舉改良與工人生活

資本家在實際上怎樣酬報工人呢？新國會首先把以前及對工人的不公正法律宣佈爲神聖不可侵犯；又毫不客氣的否認一切改善工人生活的提議，例如規定工作時間，及限止和禁制女工童工工作等等。這還不足，一八三四年，國會通過著名的「貧民律」，將以前對於貧民的補助一概取消，在教堂前面建築一間工作所，（從前貧民多聚集於教堂前面）收集那些需要補助而有勞動能力的貧民，於工作條件非常艱苦之下，强迫他們工作。工作所中簡直是一種監獄制度，貧民穿着拘留所一樣的衣服，沒有權力可以移居，非經嚴格監視不得與任何人見面，一經進去，則夫婦分居，母子離散，祇有整天做着苦工，甚至有時要做完全無用的工作，其處罰又慘酷，所有工人，都叫這工作所做巴士提爾大監。（其實資產階級做這件事祇有一個目的，就是把補助貧民費用那筆稅收省掉了。）

但是這種待遇，工人再不能忍受了。工人羣衆中革命情緒日見高漲，選舉改良既給資本家以政權，也表示給許多工人看明白在資本家與勞動者中間有一條不能通行的界線。這次運動結果，使工人被吸收到政治運動中去，他們可以知道要根本的改善自己的經濟地位，必須取得政權。於是在工人面前，又發生爭得普選權的問題，但此次却完全用着自己的力量。一八三六年引起新的工潮高漲的工業恐慌，又激動工人重新去作政治爭鬥，這就是所謂憲章運動。

第一次的請願書

一八三六年六月，在倫敦建立一個工人組織，叫做「倫敦工人協會」，其目的在組織勞動者要求做政治的及經濟的解放。加入這協會的純粹是勞動者，而其主要分子却是一些比較熟練的及工資較高的工人。協會祇做工人教育，組織俱樂部，圖書館，及宣傳普選權等工作，所以不能將廣大工人羣衆，聯合起來。又因爲協會所在的倫敦不是工業中心，故協會也不能成爲工人運動的中心。一八三七年之初，協會決定開始爲普選運動，並致請願書於國會，其根本要求凡六條：（一）凡成年男子皆有普通選舉權，（二）廢除以財產爲根據之選舉制，使每個選舉者都可以被選入國會，（從前被選入國會者，須有三百磅之收入）（三）國會以一年爲期，（四）國會議員須有歲費，使勞動者也可以當代表，（五）祕密投票，以杜絕資本家的收買與恐嚇，（六）選舉區域平均分配，使農業區或工業區皆得按照居民多少以選舉代表。這個請願書提交國會作爲法律草案，所以決定與國會內小資產階級德謨克拉西的代表聯絡，他們也答應了，準備提出以便制定法律。當時一般人把這個請願書叫做憲章（Charter）整個的運動叫做憲章運動，而參加運動的人就叫做憲章派（Chartists）。

憲章運動中的派別

憲章運動，特別是在第一期中，分子異常複雜。一部分是熟練的工資很高的倫敦工人（藝術家，畫師，木匠，雕刻家，印刷工人），這些都是倫敦協會中的工人貴族。另一部分是北明翰(Birmingham)的小資產階級，代表北明翰的政治同盟。此外大部分則為北方產業工人，以蘭開夏，及約克爾區的工人為主體，他們是剛從破產的貧農中走出來的，是不熟練而且屬於下層的工人。同時也有許多失業工人參加這次運動。有了這許多不同的份子，自不能有一致的意見，爭執也是難免。他們固然在憲章運動及改良國會的政治要求之下統一起來，可是一討論到如何使憲章實現與爭鬥方法各種問題，馬上就發生激烈的爭論。至於說到運動最終目的，及政治改良憲章通過之後，應採取何種設施，則衝突格外多了。憲章運動大別可分為二派，一派是小資產階級，一派是工人。

請願書被否決與政府的壓迫

一八三九年六月十四日，以請願書遞交國會，署名者達一百二十八萬人。但是這個請願書終被由地主與資本家所組成的下議院否決，贊成者祇有四十六票，反對者却有二百三十五票。八月十二日，各工業城市決議，罷工兩天，開會，遊行，以表示反對。政府就乘機以一次重大打擊，斷送了運動的性命，於是對憲章派加緊壓迫。在八九月間，逮捕三十個地方的運動領袖；以後陸續實行拘禁，被捕者凡四百四十二人，有許多是紡織工人，五金工人，及一些礦工。審判訴訟連續不斷，有坐牢的，有終身放逐的，也有判處死刑的。大部分憲章派的領袖都經過法庭審問，許多憲章派的報館都被封閉；有些憲章派分子，為避禍起見，逃亡於異國。這樣，憲章派運動似乎完全壓倒了，政府與統治階級就慶祝自己的勝利。

憲章運動再起與第二次請願書被否決

無論何種壓迫，終不能把運動消滅，一八四〇年，憲章運動又從新起來，特別是在第一批憲章派罪犯出獄的時候，一八四〇年，曼徹斯特開憲章運動代表大會，討論工作組織的計劃，決定併吞一切地方的小組及會社，創立「全國憲章運動協會」(Charter Associations)。這個協會，可算做眞正工人的政黨，有統一的中央委員會及地方委員會，也有經常的大會，會員要繳納會費，領取會證，一洗從前散漫現象。協會開始作當時的政治爭鬥，一八四一年終及一八四二年之初，爲運動發展最高的時候，此時協會已有四萬會員，及四百個分部，統治階級不能不以憲章運動爲一種很大的勢力了。

一八四二年五月，又以第二次請願書遞送於國會，署名者共三、三一五、七五二、人。這一次會經開代表會議詳細討論遞交及擁護請願書的問題，比前徹底而且堅決得多了。第二次請願書，除政治的要求外，還特別說到工人經濟狀況，說到失業，工資低微，貧民律，及間接稅所給與工人的負擔等事，要求頒布改善工人經濟生活的法律，要求立刻實現改良，要求取消不公正的條例，否則革命一定成爲必然的了。然而請願書遞到國會之後，經過很短的討論，又被大多數否決，於是工人明白道德行動是沒有希望的了。

憲章運動的衰落與復興

一八四二年，是工人運動與憲章運動最發展的一年，其發展是自然而然的，並且帶着暴亂的性質。自一八四一年以來，因爲經濟恐慌，工人生活更加惡劣，失業與需要天天的增加，據當時失業的工人調查員的報告，工人窮困程度，十分可怕。因失業關係，各處的工資都低落下去，紡紗工場工資低落百分之二十五，毛織工廠低落百分之四十五以上。因此就引起罷工及騷動，無數失業工人，成羣結隊的在街上亂跑，騷擾那些富人。但是罷工沒有繼續蔓延下去，祇限於北方區域，倫敦及南方各地並不起來響應。因此罷工經過幾個星期，受政府及廠主壓迫，缺乏一切物品，又得不到幫助，結果祇好暫時屈服了。一八四三年至一八四六年間，英國的工業開始復興，罷工運動漸次低落，羣衆生活也稍爲改善，對於憲章運動也日覺冷淡了。工人在憲章運動中的政治爭鬥已經失望，現在就把自己希望移向和平的經濟爭鬥方面。此時所發展的職工運動，是不贊同憲章運動而主張與資本主義表示妥協的，在一八四四年，便開始很順利的合作社運動，吸引了不少的從前憲章派的分子，羣衆遂紛紛與憲章運動脫離。

一八四七年，因爲新的工業恐慌關係，憲章運動又呈勃興之象。是年夏季，憲章派積極的參加國會的新選舉，許多地方都提出他們的候選人。結果，鄂康諾(I-connor)在諾定昂(Nottingham)被選爲出席國會的代表，這就是憲章派被選到國會的第一個代表。一八四八年初，恐慌更爲緊迫，各處發生失業工人騷動，加以歐洲各國的革命爆發，使羣衆的情緒更激昂起來。憲章派予工人以熱烈的同情，來接受各國革命消息，各地開會遊行，表示歡迎歐洲革命，決定利用時機，於四月四日，由憲章運動協會召集會議，討論第三次的請願書，並領導民衆運動。那時會經決議，請願書若被拒絕，協會當號召全國人民在同一時間內召集大會。選舉國民會議的代表；國民會議未開幕以前，協會繼續在倫敦開會，必須俟憲章成爲國家法律的時候，國民會議纔停止其職務。

第三次請願書失敗與憲章運動終結

四月十日，向國會遞送第三次請願書，同日在倫敦郊外召集大會及遊行。這次遊行固然帶着和平性質，但政府震於歐洲的革命和國內的騷動，就嚴加防範，城市內外，滿布軍隊，如臨大敵。可是那天赴會的羣衆，不下四五萬人，很和平的把請願書裝成三車，隨着鄂康諾及主席團護送至國會，羣衆便即散去。請願書的內容，大概和第二次的相同，據鄂康諾在國會中報告，署名者竟超過五百七十萬以上，其重量達於七百二十磅。請願書交付國會特別委員會審查，直到一八四九年纔開始討論，結果贊成者僅十七票，反對者二百二十二票。憲章派最後一次企圖國會收受請願書，就這樣宣告破產了。

憲章運動受了這回打擊，顯然是一蹶不振，協會尚繼續開會至四月二十四日。七月一日，國民會議正式開幕，沒有決定什麼，便宣告解散。政府趁勢大下其通緝令，由五月直到年底，全國都陷於白色恐怖的統治中。自一八四九年起，憲章運動已成强弩之末，領袖們的意見也不能一致，常常互相爭執，毀謗，運動衰落，使內部衝突更加厲害。那時除了全國憲章運動協會之外，又發生了許多新組織，人少而力薄，結果把運動的餘力打成粉碎。一八五二年，憲章運動在曼徹斯特開最後一次大會。從代表報告各地組織情形當中，就看出從前一支大軍，此時但留下一些殘卒了，這一個中央委員會，已經變作沒有兵士的將領，至一八五四年便宣佈解散。偉大的憲章運動，也從此告終。

第五節　德意志的統一運動

德國在維也納會議以後，全國形成三十八個割據的國家（邦），雖然有幾個國家實行了立憲；但在大德意志帝國所管轄的大部分國家內却是專制主義盛行。這種割據形勢與專制統治即是德國統一運動發生的原因。不錯，維也納會議建立所謂德意志同盟（聯邦）；不過，這個同盟的中央組織，稱為總會（Congress），設於佛蘭克佛（Frankort）城。為會員者，皆代表君主

統一運動發生的原因

而不代表人民。總會的權力極小，既無干涉各邦內政之權，而會員又不能任意議決什麼案件，遇事均須請命於其君主。同盟中各邦均有和他國訂結各種條約之自由權力，不過不得妨害同盟之安全，並不得與同盟諸邦宣戰。同盟的憲法不得各邦君主的同意不能修正。此種組織，缺點顯然，尤其無以滿足德國新興工商業家的願望。因此，引起大學生與民衆的抗議，集會演說，無處不表現騷動的氣象。

廣泛的學生運動

當時最有勢力的團體爲學生同盟(Burschenschaft)，這是廣泛的學生運動之組織，從一八一七年到一八一九年推動了全國各大學校，曾爆發過幾次政治示威，他們反抗神聖同盟，要求建設「偉大統一的自由的德意志」，在實際上是國民運動的中心。這種運動震撼了全國各地，歐洲大陸上極反動的首領——梅特涅施用一切權威來撲滅之，檢查，懲罰，橫行一時，從學生到大學教授受盡殘酷的壓迫。運動雖是普遍的擴大，可惜學生組織未能統一，終被梅特涅的鐵腕鎮壓下去。

關稅同盟

然而，德國之要求統一，自然不是一般知識分子主觀的要求，而實有其牢不可破的經濟基礎。當十九世紀初期，在拿破崙大陸封鎖政策之下，拒絕與英國通商，即爲德國造成了發展工業的機會，鋼鐵業，織布業……，不僅奪取了英國在大陸上一部分的市場，而且輸入到澳洲與南美。這些工商業家不僅要求立憲，而且最急迫的希望，首先在消滅阻礙經濟發展的割據之局。一八一八年巴瓦利亞即有編訂憲法建設國會之舉；二年之後，巴敦（Boden），吳騰堡（Wurttemloerg），漢塞（Hesse）諸邦亦聞風嚮應。一八三四年，又有關稅同盟（Zollverein）的組織，其直接目的原在排除交通上貿易上各種障礙，廢止國內稅及稅關，設置共同的吏員及共同的稅則。但其間接的效果則超出經濟範圍以外，申言之，即在關稅同盟的進程中，奠定了政治統一的基礎。關稅同盟以普魯士爲盟主，即是他日普魯士統一德意志的先聲。

一八四七年的普魯士憲法

與德國統一運動同時並起的，還有所謂立憲運動。當一八四〇年普皇弗列得立威廉第三（Fredrick Willian III）崩駕的時候，其子弗列得立威廉第四繼之，新皇減輕普魯士的壓制政策，許多因政治關係被放逐之人得以回國；新聞出版法改寬；政論不受壓迫；人民漸感到自由生活。但威廉第四關於過去政治的傳染甚深，他雖願意限制自己的專制權力，却把政治上的讓步視爲自己的好意，而不認爲是人民的權利。從一八四四年到一八四七年長時期的研究，曾製成一八四七年二月三日的欽賜憲法（Potent），允許設立一個「聯合議會」（United Diet）。議會分爲兩院或兩組（Curia）；一組以國王任命的貴族與地主組成，另一組以各省議會議員組成；其權力僅限於可決新租稅及提出請願書，只能討論由國王付議的事件。聯合議會第一次在柏林開會時（一八四七年四月十一日），國王宣言絕對維持固有的王權，命議員助其抵抗革命思想。威廉第四與聯合議會的衝突，隨即開始，以致無結果而散會。以此更引起全國的不滿，發展到騷動。在次年（一八四八年）二三月之交，全德意志境內就模仿法國二月革命，步巴黎暴動的後塵，革命之旗首先在普魯士豎起來了。

第六節　意大利的統一運動

一八一五年以後的意大利政治狀態，有三個特徵；（1）分裂，（2）專制，（3）依附奧國。當時意大利的愛國者與自由派，深感內外壓迫之苦，乃轉而從事於祕密行動。

燒炭黨的革命

最有名的祕密結社為燒炭黨（Carioonori），約在一八〇七年創立於拿不勒斯王國的山中，黨員多為加拉普利亞(Calaloria)之燒炭人，故名燒炭黨。原來組織的目的在驅逐法國人，到維也納會議後，則改為驅逐奧國人，完成意大利的統一及立憲。

在一八二〇年，黨員達五十萬人；是年七月，曾在羅拉（Nola）地方舉事，要求拿不勒斯國王頒布憲法，國王斐迪南第四（Ferdinand IV）在革命的威脅中已經照辦，不幸這次革命後來為奧國軍隊所削平。

青年意大利黨與瑪志尼

在一八二一到一八三一年的期間，燒炭黨已失去優勢，漸由青年意大利黨（Young Italy）起而代之，其創立者爲瑪志尼（Mazzini），第一個信條是；自由的意大利必爲共和政治，主張將意大利組成一個單一國家；而奧國必首先被排出。青年意大利黨員多爲中等階級的青年與學生，用出版宣傳的方法，向全意大利傳播，不到一年，成爲意大利半島上最重要的團體。但該黨的勢力與其說是政治的毋寧說是道德的，其成分限於知識分子，差不多是一個教育的團體。瑪志尼的主義可以鼓勵意大利的青年而堅其信仰，給以行動的指針；然一到實際執行其黨的計畫時，則全部組織的缺點立刻暴露。從一八四一年到一八四四年數次謀煽動拿不勒斯及教皇領地人民舉事，而因政府嚴加戒備，卒無結果。一八四四年以後，黨中實行派不再成爲政治的要素了。

羣得黎派的新計畫

一八四〇年到一八五〇年之間，意大利有一羣著作家奮起，其主要目的，在影響國民輿論，而以文學爲達到政治改革的途徑，此派稱爲羣得蒙派(Piedmontese School)。關於意大利解放後應取何種組織，則意見不一；但認定意大利不適於共和，却大抵相同。他們以爲瑪志尼的計畫不能實行，乃另立一種新計畫，不僅要合於意大利人的願望，不僅要代表國家的統一及脫離外國支配的思想，同時且須適應意大利生活的性質與狀態。其中分爲兩派：一派爲裘倍(Giobert)所領導，主張將意大利組成聯邦，置於教皇主宰之下。另一派爲阿最路(Azeglio)所領導，他們的計畫不是基於教皇的主宰，深信意大利的獨立，祇有在比較自由的國家，尤其是在羣得蒙國內，實行緩進的改革，使其走上憲政的道路。這些計畫，都缺乏現實性，不但趕不上燒炭黨，而且又不如青年意大利黨，這也許是意大利解放運動的客觀條件未成熟之反映吧！

練習問題

（一）維也納會議給予歐洲前途的影響怎樣？

（二）神聖同盟的本質及其瓦解的原因怎樣？

（三）試述法國七月革命的意義。

（四）英國的資本主義比法國要進步些，何以始終祇走上改良的道路未走上革命的道路？

（五）德意統一運動，在十九世紀前半期不能成功，何故？

參攷資料

（一）近代歐洲政治史第一第二兩章（商務印書館）

（二）歐洲近百年革命運動史第一章（亞東圖書館）

（三）近代世界史第十五章（世界書局）

（四）Hayes: A political and Social History of Modern Europe Vol. II. Chapter XVII

第六章　歐洲各國一八四八年的革命

第一節　一八四八年革命的前夜

革命的種子及其導火線

一八四八年的歐洲革命，首先發動於法蘭西，繼起於德、奧、匈、波、(波希米亞—Bohemia)諸國。在那時候，發源於英國的產業革命，已經逐漸傳播於法蘭西及德奧諸國了；而尤以法蘭西爲大陸諸國之冠。基於產業革命的原因，法蘭西的資本主義的生產制度逐漸發展，大都市的工廠林立，勞動者的數目也天天的增多；同時，一般產業資本家，對於勞動者的搾取和壓迫也特別彰明較著。這是法蘭西一八四八年革命的種子，也就是歐洲一八四八年革命的導火線。我們現在將一八四八年法蘭西革命的幾個原因說明，在國際的連鎖關係上說。也就是歐洲一八四八年革命前夜的狀況。

法皇路易斐利布的政策，專門在保護金融資本家的權利。所以這一部分資本家在政治上社會上很是跋扈。至於勞動者的狀況，簡直比『七月革命』以前還要悲慘。因爲當時的僱主倚仗政府的保護，握住支配勞動者的實權，把他們當作奴隸使用，既不許他們組織工會，又不爲他們改良工作場；既要延長工作時間到每日十八小時，又要減少工錢到最低的限度；因此，勞動者無論如何作苦工，都不能得到充分的生活費。他們迫於飢寒，不禁同聲喊出這個口號：『與其勞動而生，不如抗戰而死！』便時時起來暴動或罷工。可是政府並不斥責資本家，反助桀爲虐的橫加壓迫，勞動者爲本身的利益起見，便不能不反抗這爲資本家作工具的政府了。這種政治上反抗精神，便表現在一八四八年的革命史上。

勞動者的反抗

社會主義者的鼓吹

當時法國政治和社會狀況既如上述，必然的要產生一種社會主義思想。

一般社會主義者，也必然的會替勞動者攻擊那萬惡的社會，連帶攻擊那工具式的政府，其中最有名的如普魯東 Proudhon 和路易布朗 Louis Blanc 等。他們對於一八四八年的革命。確實給了很大的幫助。還有一位女文豪名喬治桑(Goerge Sand)，她專門著社會小說來諷刺當時社會的殘酷，這也是很有影響於社會運動的一個煽動力呵。勞動者受了這些社會主義者的鼓動，不期然而然的更加興奮起來，機會一來便要參加革命。

言論界的不平

政治上社會上既有了腐敗的制度，民間的示威運動當然免不掉的，祕密結社也是必然的事情，尤以人權社的主張爲激烈，他們主張打倒現政府，另建共和政府。路易斐利布只知採用高壓手段，嚴禁人民結社，不許出版自由，封閉共和主義的雜誌社，禁錮或驅逐他們的編輯員。到一八三五年，又頒布九月法律 (Law of September)，禁止人民誹謗王室和批評財產制度，並令每家報館納保證金二〇·〇〇〇佛朗於政府，以限制其言論自由。因爲這種原因，言論界對於政府已經恨入骨髓，躍躍欲動了。

當時政府在外交方面，廢費鉅款，結局終歸失敗，已失了國民的信仰。到了埃及太守阿利 (Mehemet Ali) 舉兵反抗土耳其的時候，法皇又用許多金錢和兵力去援助他，後來英、俄、普、奧四國組織聯軍，佔據敍利亞，並封鎖亞歷山大港，迫阿利結城下之盟以侮辱法國，法國在國際上的地位，因而一落千丈。法國人民大憤，要求法皇對四國宣戰以雪大恥；而法皇恐危及自己的地位，遂拒絕國民的請願，國民便從此遷怨於法皇了。同時，法皇對內却非常勇敢，在選舉議員的時候，竟公布一種腐敗的選舉法，使各地預先組織選舉團，然後由該團選出議員，並且用金錢收買議員，使其順承政府的意旨。法皇意欲將國會置於一己權力之下，故不惜採用這些卑鄙的手段。一般的資本家本是要政權的，現今政府既如此防範他們，他們那有不反抗之理！所以第一步便團結起來要求普選，直接由人民選出責任內閣，無奈都被政府拒絕了；因此第二步便不

一般國民的憤怒

能不反抗政府了。

以上四種原因，就是法蘭西一八四八年革命的種子，也就是歐洲各國一八四八年革命的導火線。

第二節　一八四八年法國革命

從革新宴會到二月革命

法皇賄選議員一事，國民異常憤恨，共和社會兩黨，便和國民聯合起來，表示反對，作種種的示威運動。他們屢次組織『革新宴會』(Reform Banquet)來指謫政府並主張普選。同時，共和黨又在國會提出選舉法改革案，卻被首相基佐(Guizot)運動國會否決了，輿論因此大譁。到了一八四八年二月，國民又訂期在巴黎開『革新宴會』，政府卻先期下令禁止，可是國民到期仍開會議，攻擊政府干涉之非法，尤其是學生與勞動者更爲激烈，主張推翻君主立憲政治。因之，政府便派兵去彈壓，不料軍隊卻和民衆聯合起來，在各處遊行示威，並高呼『革命萬歲！打倒基佐內閣！』等等口號。這時，政府又派憲兵和警察去解散，民衆更爲激昂，遂在各街市築棚自衞，和政府軍抗戰。經過三日的衝突，法皇恐釀成大革命，乃承認罷免基佐內閣；可是共和黨和勞動者並不以此爲滿足，遂於同月二十三日之夜，圍攻基佐所居的外交部公署，與署中衞隊大起衝突，民衆死傷五十二人，於是載屍遊行街市，大呼『政府慘殺人民！』以激動全巴黎市的人民。果然，二十四日晨，全巴黎的人民，尤其是勞動者，都武裝起來了，和政府軍作最激烈的市街戰。結果，民衆大占勝利。法王見大勢已去，乃讓位於其孫巴黎伯爵路易斐利布二世，自己攜帶眷屬逃入英國。民衆乘勢攻入議院，高唱『共和國萬歲』！一面拒絕新王，一面組織臨時政府，其成分如下；阿拉各(Arago)，莫洛(Morro)，拉馬丁(Lamartine)屬於資產階級溫和派的代表；勒德律洛林(Le-dru-Rollin)，佛羅康(Flocon)，屬於小資產階級民主派的代表；路易布朗，亞爾培(Albert)則爲勞動者的代表，可見臨時政府是廢除「七月帝制」後各階級之一種妥協，然相互間的矛盾是異常尖銳的。溫和分子占多數的臨時政府在勞動者威脅之下，不得不於同月二十七日，正式宣布『第二次共和政治』。這便是歷史家所稱的『二月革命』(Revolution of February)。

臨時政府的設施

二月革命的成功，算是共和主義和社會主義勝利；所以臨時政府的施政方針，非常注重社會主義者的意見，容納勞動者的要求，於同年三月，設立『勞動委員會』，由各種工業勞動者的代表五百人組成，以路易布朗爲該會議長，負責維持工人的利益。同時，又用路易布朗的政策，創設國立工廠(National Workshops)收買全國的工場，作爲勞動者的組合。國立工廠所生產的收入分爲四分：一分作爲買收工場的費用；一分作爲衰老殘疾的勞動者的救濟費；一分作爲工錢，分配給勞動者；一分存作準備金，以補各項的不足。於是首先依照勞動者的技能，將他們分爲高等和普通兩種，使高等勞動者從事於金工木工等製造，普通勞動者從事於鐵道運河建築等工廠以外的勞動。至於工錢的多寡，並不依勞動的種類和時間的長短而定，只要從事勞動，每人每天都給兩佛朗，因事休息的人則每日給一佛朗。這樣一來，勞動者都願到國立工廠去作工。可是政府的共和主義者，並無十分的誠意，實行社會主義的政策，甚至嗾使鄉村小資產階級反對工人，說工人依靠政府生活，吃飯不做事；因此，國立工廠的計劃，在很短促的期間內，卒至完全失敗了。

國民會議與「六月天」

一八四八年五月四日，臨時政府解散，國民議會起而代之，以編訂共和國憲法爲目的。議員裏面多半是右派的共和黨人，極力排斥社會主義，並拒絕路易布朗所主張的勞動內閣。不久，議會又議決廢止國立工廠，令勞動者轉入行伍或離開巴黎市，這都是代表資本家壓迫勞動者的表現，巴黎的勞動者非常憤激，宣言要解散議會，遂集合四萬多人，在巴黎市內築棚反抗，從六月二十三日到二十六日之間，各處多起暴動，他們的口號是：「麵包或槍彈」。共和黨人都主張採用高壓手段，給將軍加汾雅克(Cavaignac)以處理亂事的全權。

結果，政府軍大勝，巴黎市勞動者被殺一萬餘人，被放逐和監禁者約四千人，報館之被封閉者約三十餘家。這個慘烈的屠殺，歷史家稱之爲『六月天』(June days)；這個可怕的『六月天』，很顯明的表示了法蘭西資本家對付勞動者的勝利。可是，從此以後，法蘭西勞動者不甘爲資本家所利用了，於是共和政治，終究失掉了一大批擁護的『國民』！六月暴動的意義，證明在歐洲資產階級民主革命已經過去了。

編定憲法與選舉總統

巴黎的暴動平定以後，國民議會便着手於憲法的編訂，至十月始告成功。內中規定：(一)統治權屬於人民全體，人民均有信仰和出版的自由；(二)國會爲立法機關，採用一院制；(三)凡二十一歲以上的男子均有選舉權；(四)大總統爲行政長官，由人民公選，任期四年。憲法頒布之後，遂定期於十二月十日選舉大總統，其時候選者有三人，一爲共和派首領加汾雅克，一爲民主派首領勒德律洛林，一爲拿破崙的姪兒路易拿破崙(Louis Napoleon)。

路易拿破崙是一位善於投機的野心家，他一方面說當選之後願盡力為工人謀利益，以籠絡勞動者；另一方面又用維持秩序保護私有財產的言論，以示好於資本家。因此，選舉的結果，他竟得五百四十萬票的大多數，當選為大總統。自路易拿破崙當選為大總統以後，第二次法蘭西共和國的外形，便完全告成；同時也就預伏了第二次法蘭西帝國的基石。

路易拿破崙與第二次法蘭西帝國

一八四九年五月，國民議會解散，同時召集立法會議。結果，王黨占絕對多數，共和黨和社會黨不過佔二百五十席而已。此後，大總統便和會議連成一氣，禁止民主主義的宣傳，並借種種口實，逮捕其編輯人員。次年，政府又和會議商議，改訂選舉法，以剝奪勞動者和革命黨人的選舉權；但其目的各有不同，即政府方面當然擁護路易拿破崙當皇帝，會議則暗中進行恢復波哈鎊王朝或奧爾良王朝，因此時起衝突。到一八五一年十二月二日早上，路易拿破崙派兵解散會議，將平日拂意的議員或監禁或放逐之後，令國民公決此次『政變』(Coup d, Etat)的當否，結果，以七七四〇〇〇〇對六四六〇〇〇的大多數，可決『政變』的適當。路易拿破崙固然會迎合人民的心理（卽請他們公決）而獲得勝利，然而這一般盲目的選民也就未免太可憐可笑了！自此以後，路易拿破崙獨握大權，剷除異己，次年冬間，又令元老院上表勸進，那一般奴顏婢膝的元老便立卽議決尊號，稱他爲『法蘭西皇帝拿破崙三世』。於是第二次法蘭西共和國宣告死亡，而第二次法蘭西帝國又出現於世界政治舞台之上了，這個第二次法蘭西帝國，固然可說是王黨勢力復興與路易拿破崙的投機主義所匯合而成；然而勞動者對於虛僞的共和主義的漠視，亦不能不視爲原因之一呢。

第三節　一八四八年的奧國革命

梅特涅的專制

奧大利帝國之內，皇帝統治於上，有自由任免官吏之權。一切立法，徵稅及財政上的支出，均無需國民同意。新聞紙，書籍，戲院，教員等無不受嚴密之監視，以防止新思想之輸入。沒有政府護照者，不得出國旅行，所以西部歐洲的思想，無從輸入奧大利。貴族之享有特權，教士之宏大勢力，仍舊和以前一樣。政府中的官吏，莫不盡力以壓迫新黨爲能事。這一切的反動政治，原爲首相梅特湼一貫的統治奧大利的方法，而且是梅特湼一貫的統治日耳曼各邦及匈牙利意大利的方法。在這種高壓的政治之下，被統治的奧大利人，除了一般貴族教士的特殊階級外，莫不想推翻梅特湼的制度。革命的種子，早已播在奧大利的全土了。

維也納三月十三日暴動

自法國二月革命以後，奧大利人便首先被革命的情緒激動着。一八四八年三月十三日，維也納城中的學生成羣結隊示威，向地方議事廳而進，小資產階級及勞動者附和之，於是聯合一起，實行武裝的反抗。『與梅特湼偕亡』的呼聲，傳入宮內。同時武裝的民衆在維也納市街中建築防禦工事，準備與政府軍作市街的血戰。梅特涅知革命的勢力，如火燎原，不能再用高壓手段，乃辭職出走英國。梅特涅出走之後，奧大利皇帝乃遵從革命民衆的要求，下令改組內閣，並着手編訂憲法，給人民以參政權及出版信仰結社集會種種的自由。於是維也納民衆的暴動始止，而奧大利一八四八年的革命，便這樣在世界革命史上浮出了短短的一頁。

革命的勝利及其失敗

革命勝利之後，不久召集國民會議，宣布取消農奴制，以後又改奧國爲君主立憲，允許出版事業絕對自由。從前在帝國時代被壓迫的民族都爲之警醒了。倫巴底(Lombardy)，威尼沙(Venetia)，匈牙利各民族都暴動起來，宣布獨立。軟弱無能的奧大利皇帝及皇室家族只好瞠目而視，靜待未來的時機了。果然，在一八四八年夏季，資本家與勞動者之間發生衝突，資本家投向反動營壘中去；反動派利用優勢向革命勢力反攻，以致引起維也納十月六日第二次暴動，政府調集大軍圍攻，革命方面主要的防禦力量，是學生與工人，統計不過二萬五千，誓守革命的首都，支持數星期之久。至十一月一日，維也納被陷，先後被屠殺者凡六千人。曇華一現的憲法也終於廢止了。

第四節　一八四八年的德國革命

當奧大利受革命民衆的威脅，改組梅特涅的內閣以後，便一時處於鎮靜自持的狀態，無力再對日耳曼諸邦施以武力的統治。所以巴敦，吳騰堡，巴范利亞，薩克森諸國，同時均起暴動。巴黎二月革命消息及維也納三月十三日革命的消息傳來，柏林的民衆，大爲興奮。三月十八日，市民羣集於王宮之外，要求立憲，警察用武力驅逐，遂發生流血的衝突。市民立即在市街上高築堡壘，爲戰守的準備。普王威廉第四大駭，深恐革命狂濤澎湃，搖動自己的王位，乃允許召集議會，編訂憲法。至此，柏林暴動，纔告平定。

柏林三月十八日暴動

佛蘭克福議會製憲的失敗

到了次年，自由主義者又推選五十一人，組織佛蘭克福議會（Frank- Furt Parliament），制定德意志帝國憲法，規定：（一）設中央政府統轄德意志聯邦；（二）以德意志皇帝總理萬機；（三）合德意志聯邦爲德意志帝國，設帝國議會，用立憲政治等條。後來又根據憲法，推定普魯士王爲德意志皇帝。普王威廉第四本主張新政者，因經過柏林暴動，遂一變其向來的主張。他既恨革命，又懷疑議會究竟有無決定尊號之權，加之他又怕奧大利的武力干涉，所以在一八四九年四月，公然拒絕佛蘭克福議會的推舉，不允稱帝，且連憲法也否認。於是佛蘭克福議會的事業，便毫無結果。而奧大利力主恢復舊日的同盟公會，德國乃再回復於四分五裂的狀態中。

普魯士頒布憲法

一八四八年的革命，對於全德意志雖無結果可言，獨普魯士一邦却有宣布憲法之舉，這對於德國的將來很有關係。法國革命所引起的柏林暴動，及普王之允許立憲，我們已經說過。同年五月，憲法會議開於柏林，提議廢止貴族及删除國王稱號上的『天命』二字，同時柏林的工人受社會主義者的指揮，於六月十四日圍攻兵工廠。普王大懼，退居波茨敦(Potsdam)，令議會移往柏倫頓堡(Bradbenubnrg)以免爲柏林的革命勢力所挾持，議會不允，遂被解散。一八四九年，普王另編憲法，再召集憲法會議以討論之，結果卽於一八五〇年一月頒布。這次憲法，竟在普國應用到六十年之久，至歐戰告終時才被廢止。

兩位著名的革命家

革命中間，許多「共產主義者聯盟」的會員紛紛回國，參加民主運動。馬克思(Marx)與恩格斯(Engels)此時也回來，居於科倫(Cologne)，加入民主運動的團體，站在民主黨極左派旗幟之下，仍保留自己批評民主黨的發言權。六月他們指導民主派「新萊茵報」的活動，想在爭鬥的過程中，組織工人團體。後來，他們看出民主派萎靡不振，很嚴厲加以批評，並指責彿蘭克福憲法。這兩位革命家在當時是活躍的積極的行動者。

第五節　一八四八年的意大利與匈牙利革命

維也納革命爆發，梅特湼被趕跑了，奧國壓迫下的意大利馬上可以吐一口寃氣。米蘭（Milan）遂於三月十九日發生暴動，倫巴底全部都

意大利的革命

騷擾起來，經過兩星期的苦戰，將奧國的軍隊驅逐出境。威尼沙也繼米蘭而起，趕走奧人，重建共和國。米蘭人深知來日方長，不易對付，乃求援於沙地尼亞（Sadinia）王查理亞爾培（Charles Albert）在短促時間內，意大利半島上大部分捲入暴動的怒潮中。拿不勒斯，羅馬，多斯加（Tuscany），辟得蒙（Piedmont）諸國的君主也相繼宣布立憲。沙地尼亞王爲民衆所迫，不得不爲驅逐奧大利人的領袖，而樹統一的始基。不幸沙地尼亞在反抗奧大利的戰爭中不大堅決，未認淸全民族利益比王室及貴族利益更爲重要。因此，意大利兵力不如奧國，屢戰屢敗；米蘭與威尼沙相繼爲奧軍擊破。就中惟羅馬支持較久，羅馬人於一八四八年十一月驅逐敎皇；次年二月五日，召集立憲會議，建設羅馬共和國，未幾，法國出兵助敎皇，攻陷羅馬，意大利革命從此完結。

匈牙利的革命

一八四八年的匈牙利也鼓起了革命的波濤。當時匈牙利居民一千二百五十萬，一半是馬札爾 Maggar 人，另一半是斯拉夫人與羅馬尼亞人。在這個落後的農業國中，其政治完全倚賴奧國，奧國對匈牙利的政策就是力阻其經濟發展。那些開始經營資本主義經濟的貴族，漸不滿意於現在政治狀況，想從奧國統治之下解放出來。貴族中之先進者知道要想解放，非得到農民幫助不可，於是主張解放農民。噶蘇士（Kossuth）即係提倡對農民實行改革的領袖。然以多數貴族反對，毫無結果，自維也納革命消息傳出後，匈牙利國會於一八四八年三月十四日，通過解放農民的法案。奧國也給匈牙利以許多讓步。但到十月三日，奧國政府下令取消匈牙利國會，宣布其議案無效，從前的讓步一律取消，匈牙利就因此走上暴動之路了。但匈牙利人行動不堅決。且坐視維也納被困而不加援手。十二月焚狄士格累次 Wind is Chgraty 率兵入匈牙利（即攻陷維也納的軍隊），一八四九年一月佔領布達佩斯，（Budapest），匈牙利革命因此失敗。然不久噶蘇士又收拾殘卒，擊退奧軍，於四月十九日宣布獨立，以噶蘇士爲共和國元首。可是貴族對於農民運動有些畏怯，同時又不能與歐洲民主派以及意大利革命勢力聯合，以致力量大減。最後，俄皇尼古拉(Nicholas)第一出兵二十萬助奧，匈牙利不能支持。八月中休戰，噶蘇士逃亡外國，民衆大受屠殺，匈牙利貴族所建立的共和國也傾覆了。

第六節　革命失敗後的反動

在一八四八年歐洲各國革命失敗之後，在歷史上稱爲反動時期，反動同革命一樣，在大陸上從這一國竄到那一國，反動的第一砲，自然是在爆發革命的巴黎出現。當加汾雅克的軍鎮壓了『六月天』的事變以後，整個歐洲反動營壘中，激發出了無限的樂觀，他們都贊仰加汾雅克將軍的手腕。假使巴黎的革命之火種熄了，其他各國的革命烈燄自亦因之降低。從前仇視法國的俄皇

反動的第一砲

尼古拉第一，這時也幸災樂禍的來慶祝共和國的加汾雅克將軍之勝利與光榮，他忘掉以前對法國的憎惡與嫉忌了。

奧國的鐵騎

與鎮壓巴黎暴動同時並進的，便是奧國軍隊將沙地尼亞的軍隊從宣布脫離奧國統治而獨立的倫巴底境內驅逐出去；同時，奧國軍隊大肆屠殺，消滅了倫巴底與威尼沙的革命，鎮壓革命本藉助於軍隊，假使軍隊同情於革命的話，那麽，革命運動卽使失敗也沒有這樣快，可惜當時軍隊大部分從農民出身，他們在革命前已得到利益，所以由農民羣衆所組織的軍隊已成爲舊統治者鎮壓革命的巨石。奧國軍隊消滅了倫巴底與威尼沙的革命以後，馬上轉過砲口向匈牙利射擊。可是維也納的民主主義小資產階級及工人反對這種舉動，千方百計的阻止軍隊的運輸；這時他們很明白，匈牙利被征服之後，馬上要臨到自己的頭上來，他們乃於一八四八年十月，以革命的血戰，佔據維也納，不幸終被焚狄士格累次率領大兵擊破。奧國革命之火便成爲灰燼了。

殘酷的屠殺，又轉到柏林，皇帝取消了立憲，走上了極反動的道路。結果，在一八四九年普國軍隊解散佛蘭克福議會，在全德意志各小國境內實行白色恐怖，逮捕許多嫌疑犯交軍事法庭予以殺戮。這樣一來，政府就實現了它在臨時退讓與革命驚駭之前的復仇。

德意的白色恐怖

在意大利國內也發生了反動。沙地尼亞的人們還在幻想實行憲法并能成爲統一意大利的中心，可是這種幻想終被殘酷的現實打破了。在許多小國內，恢復了專制，禁止一切反政府的言論，取締一切自由主義的思想，施行了空前的慘殺，革命殘壘的羅馬城也被路易拿破崙的大軍佔據了，取消了共和制，恢復了教皇辟斯第九(Pius IX)的統治。

尼古拉蹂躪匈牙利

剩下的只有匈牙利。但匈牙利的獨立給了俄皇尼古拉第一以極大的威脅，他感覺到匈牙利的獨立必然震動俄國在波蘭的統治，所以，願意幫助奧國。在奧皇斐迪南退位以後，新皇法蘭西斯約瑟夫(Francis Joseph)便隨時隨地去親善俄皇，以求其軍隊的援助。到一八四九年夏天，俄皇出征了，幫助奧國削平匈牙利的革命。因此，奧國政府用極殘酷的手段，絞首，斷頭，槍殺，恢復匈牙利的秩序。反動勢力打破了一切，革命時代所獲得的勝利都隨血花漂去了。

到了一八五一年之末，整個歐洲平靜無事。尼古拉第一以爲俄羅斯是世界上最强盛的國家，不知道自己的內部正在醞釀着革命的酵素呢！

練習問題

（一）一八四八年的革命，何以首先爆發於巴黎？何以很快的蔓延全歐？

（二）試就自己意見，對法國臨時政府的設施，加以批評。

（三）一八四八年法奧德意何等國革命的性質果相同麼？

（四）一八四八年的歐洲革命終歸失敗，其主要原因何在？

參攷資料

（一）近代歐洲政治史第三章（商務印書館）

（二）現代文明史第十一章（亞東圖書館）

（三）西洋史要第十一章（南强書局）

（四）革命與反革命（新生命書局）

（五）Hayes: **A** Political and Social History of **Morderm Europ, Chap, XIX**

（六）Eighteeth **Brumaire** of Louis **Bonaparte,**

第七章　俄國農奴解放與美國南北戰爭

第一節　俄國農奴制度的內容

農奴制度形成的背景

「農奴制度」(Serfdom)，中歐各國在中世紀亦嘗有之，但到十五六世紀時，已歸於消滅。但俄國自莫斯科大公伊凡三世(Evan III)顛覆蒙古的羈軛以後，一方受蒙古遺族的蹂躪，一方受波蘭及立陶宛等國的侵陵，從事於國土的防禦與侵略者，計有三百年之久。直至大彼得及喀德菱第二(Catherines II.)先後併有立陶宛波蘭以及蒙古族之克里米，而後國防始固。因此，在中國造成一種軍役階級(Serving Class)。這些軍役階級，藉其擁兵衛國之餘威，遂舉中國可耕之地而私爲己有。久而久之，各該地的村農，亦由爲國服役的義務，漸次蛻變而爲軍役階級服勞役的義務；甚至隨其耕地爲轉移，變爲軍役階級私人的奴隸。這卽是俄國「農奴制度」，形成的背景。不過這種制度之造成，也非一朝一夕之故。自十六世紀定禁止農民移居律，十七世紀實行禁止農民移居；從此農民附着於土地。而土地又非其所有，於是農奴之身份乃定。直至十八世紀之末，這種制度遍於全國。茲錄一七八三年的人口調查於下，以見當時俄國社會的組織。因當時爲俄國「農奴制度」最完成之時代！

地主私有的農奴	六・六七八・二三九人
國有的農奴	四・六七四・六〇三人
自由小農	七七三・六五六人
城市居民	二九三・七四三人
商人	一〇七・四〇八人
享有免稅特權之階級（貴族教士國家官吏）	三一〇・八八〇人

總計　　　　　　　　　　　　　一二·八三八·五二九人

此一千二百八十三萬人口（專指男子言，因俄國當時調查戶口，是專爲納稅而設，故此次人口數，即納稅人數）中，村居的農民占一千二百十二萬人，居全人口百分之九四·五，此一千二百十二萬村居的農民中，自由農民只七十七萬，其中大部分皆爲農奴。從這裏可見農奴制度極一時之盛了。

農奴的種類及其生活

前面已講到地主私有的農奴與國有的農奴，這兩者的生活是不同的。

（甲）地主私有的農奴——凡屬地主私有的農奴更可分爲兩種：一爲給役農奴(Barshchina peasant)，一爲賦役農奴(Olbrok Paying Peasant)。再分述如次：

（1）給役農奴——這種農奴，每星期中必須以三日專爲地主工作，其餘三日爲自己生產之用。但這只至保羅第一(Paul I)時，始懸爲定律，而事實上却仍有不止三日者；甚至有六日都爲地主服役，亦屬習見之事。並且，不但農作之時是這樣，即冬日農隙，也須爲地主做家務，又須隨時獻其農作副產物，如雞豕羊鴨葡萄香菌之類於地主。農婦則獻其辟纑紡織之手工品。質言之，凡爲給役農奴者，不得爲自已生產，生產所得，亦不得享用，須盡其所有，貢之於地主。

（2）賦役農奴——賦役農奴，較給役農奴爲自由；耕地主之田，而向地主繳納農作物或租金。惟繳納之額，悉由地主決定。有時地主認其耕作所得爲不足，亦可令其從事他項工作，而奪其收入。質言之，所謂賦役農奴，即以代役之農奴。

以上所述，不過就地主榨取農奴勞力一事而言。其實無論就事實言，就法律言，這些私有農奴，絕談不到人格。地主對農奴，可課以額外之工作，可施以殘酷之鞭笞；可以强迫其婚嫁，可以處置其財產；農奴有過，可以囚之私獄，可以流之遠荒。甚至地主遇貧窘或破產時，可以公然將農奴計頭標價，陳列爲商品，而售之於市。地主無論如何虐待，農奴不得控訴，即訴亦不得直。一言以蔽之，無論爲國家，爲私人，都視農奴爲財產，絕未將其當做人看待。

（乙）國有的農奴——國有農奴（State Peasant）爲類亦夥，其中七分之二爲舊教會佃農（Church Peasants），其後爲經濟學院（Economic Collegium）所轄，故亦謂之「經濟農奴（Economic Peasants）。其七分之一，則爲官署農奴（Court Serf），係由喀德菱第二解放大批給役農奴，而輕其賦，使服務於官署中者。這些農奴異於私有農奴者，在於不能離其土地而出售。當喀德菱第二時，北俄中俄東俄各省國有農奴中，又有所謂皇家農奴（Tzar's Peasants）及官廐農奴（Stable Peasants）。皇家農奴指給役於羅孟諾夫（Romanoff）氏各宗室親貴之家者言；官廐農奴，則給役於官廐者言。此外更有所謂國用農奴（Fiscal Peasants），則供國家事業的勞役，其中用於國有私有各工廠中者，約三十三萬人，亦謂之所有農奴（Possessional Peasants），意謂爲工廠所專有。又有派用於軍用森林中，或用爲馭者，十六萬人，都司官道驛站之役。

上面所謂私有農奴與國有農奴，其分别不過一可離其土地而標賣，一則必須隨其土地而出售；都是可以買賣的。這些農奴，常在無可奈何的關頭，挺而走險，殘殺地主，以求一逞。所以遇到新君即位，農村即先謠傳要解放農奴，於是各地揭叛旗者趾踵相接。在喀德菱第二即位時，農奴揭叛旗者，達十五萬人。最烈的一次，則爲一七七三年普格叔夫暴動（Pugchov Insurrtction），亂區遍全國；且明白宣言專以反對「農奴制度」爲宗旨。此後，叛亂時起。最甚者，保羅第二初即位時，同時並起者達三十二省；尼古拉第一即位後，四年中亂事陸續發生者，多至四十一起；終尼古拉第一之身，竟有五百五十六起之多。

私有農奴與國有農奴的區别

第二節　俄國農奴制度的崩壞

到亞歷山大第二的時候，爲俄國社會組織基礎的農奴制度，終不能不出於解放。這並非亞歷山大第二發什麼慈悲，實由農奴制度的基礎已由動搖而崩壞，不惟農奴本身因活不下去而急須解决，即農奴以外的其他分子，亦感受這種制度的不適時宜，要求改弦更張。農奴制度必須解放的原因，約而言之，可分三種：

工業方面的原因

工業發達須要大批自由勞動者——自大彼得提倡製造工業後，俄國機器工業日趨發展，喀德菱第二寬定關稅，國外貿易又日盛，於是工廠日多。終喀德菱之世，國內工廠數由九百八十四所，增至三千一百六十一所。這些工廠，其初大部分爲商人經營的企業，各處地主見其有利可圖，亦於自己的土地內，設立工廠。故當時的工廠有三種，其中所需的勞工皆農村中的農奴。

（A）自由工廠，即商人所設之工廠，招致地主的賦役農奴做工。

（B）農奴工廠，係地主所辦，大抵將給役農奴轉用到工廠內。

（C）所有工廠，一部分經營企業的商人，以僱用農奴做工，必得地主的承諾，而地主又往往於工廠正忙之日，召回農奴，使工廠主窮於應付。於是那些商人陳請政府准其購買附有農奴的農村，以供工廠之用。這些農奴一進工廠卽成爲工廠的附屬物，名爲「所有農奴」；這種工廠亦稱「所有工廠」。

三種工廠所用的工人都是技術甚劣的農奴，說不上熟練，且他們又非爲自己生產，勢不得不苟且塞責，以致效率甚低。而第三種工廠，以購買農奴附有條件，遇到營業有變化時不能自由增減人數。（農奴工廠亦受相當限制）只有自由工廠比較運用自如。於是自由勞動力就成爲客觀的需要了。想得到自由勞動力，非解放農奴不可。此其一。

農業方面的原因

穀類輸出日廣須要自由農民——四十年代以後，俄國穀物輸出激增，穀價因之騰貴。各地主都想努力生產以博巨利。於是賦役農奴也改爲給役農奴。但給役農奴終日爲地主生產，自己一無所得，其工作之興趣，當然不能與計工給値的自由農民比，故其生產率亦不如自由農民。據實際計算，農奴生產率爲一五・五，而自由農民則爲四三，相差幾達三倍。所以希望多產穀物的地主，都歡迎計工給值的自由農民，不願豢養生產力低下的農奴。然想僱用大批自由農民，也非解放農奴不可。此其二。

地主方面的原因

農奴人口增加與地主負債過鉅——十九世紀上半期，農奴人數比一八七三年第四次調查之數，增加四百萬人。地主之土地不加闢，生產不加多，而對農奴的剝削却日感困難，欲用之於他種生產，則又不能與商人的機器工業競爭。欲購買機器而又無資本。卽有之，而使用機器的技術，亦非農奴所能勝任。於是過剩的農奴，成爲地主當前的難題。一遇凶年，卽驅之乞食於外，無法安置。且當時俄國對波蘭與土耳其常有侵略戰爭，所需餉糈，不能不索之於貴族地主，於是這些地主不能不以土地與農奴爲抵押，向銀行借貸。計當時地主所負之債，平均計算，每一農奴分担九十六盧布；而其時農奴的價値平均每人不過百盧布。地主負債既鉅，而又感農奴過剩之苦，於是都想給農奴以自由，使農奴出錢贖身，以爲償債之用。此其三。

有上三因，農奴制度便崩壞了，是以有一八六一年二月十九日農奴解放宣言的公布。

第三節　換湯不換藥的俄國農奴解放

俄國農奴制度，在五十年代，除少數小地主外，無論爲地主，爲商人，爲農奴本身，都欲廢止之以爲快。會一八五四年克里米戰役，俄軍爲英法聯軍所敗，政府威信銳減，國內解放農奴的運動益烈。當時俄皇尼古拉第一正死，新皇亞歷山大第二即位，欲借解放農奴以收拾人心。於是條陳解放辦法者大有其人。新皇親信的內政大臣藍士奎（Lanskoy）約成辦法三條於下：

解放農奴的辦法

（一）由俄帝通令廢止農奴制度，而不分地予農民。

（二）廢止農奴制度，仍予農民以其所耕之地，但令農民計值償金於地主，以取得所有權；農民一時無力償債，則由國家墊付，分年繳還。

（三）農民受地於地主，而以替地主服務或繳納賦稅的義務爲償。

這三項辦法，（一）農奴雖本身無土地，猶得耕地主之地以爲生。一旦解放農奴，不分給土地，不獨無以償要求土地的熱望，即非自己之田亦不得耕。（二）國家墊款的辦法固可行，但俄國當克里米戰敗以後，國庫空虛，無款支分。故藍氏之意，以第三項辦法可備採擇，以此徵求各方意見。嗣因各方意見紛歧，乃於一八五七年一月組織機密委員會審查，更於一八五九年三月設修訂委員會釐訂。至一八六〇年，由修訂委員會提出方案，交國務會議討論。國務會議於一八六一年二月十七日定議，至十九日由俄皇簽字公布，於是數世紀來爲農民癥結的農奴制度遂正式廢止了。

解放農奴的不徹底

然而農奴制度雖經明令廢止，但農民仍未獲得解放。因爲「自由」與「土地」兩項，依然與農民不相干。（一）就自由言，按照二月十九日條例，固已解除農民與地主間主奴之關係，但在私權上農民仍與地主不平等，不過由農奴升格而爲納貢階級而已。當時有所謂「保甲制度」，農民一經登記不得自由遷移，不得自由從業，亦不得任意由此甲入彼甲，凡甲中人須互相擔保。質言之，人繫於甲，不能離甲而自由行動，即政府束縛農民不得離土地而他去之另一形式。又按條例，農民在九年之內，地主分與土地，不得拒而不受；既受其地，即負納賦於地主或爲地主力役而不得規避。所有這些辦法，都是羈勒農民使其附着於土地，不得自由。

（二）就土地言，按照條例，固許被解放的農民得保留爲農奴時所耕種之地，至受地後對地主所繳納的賦額，每年爲八至十盧布；若無力繳納，則力役三十日至四十日以代之。據此，農民所受之地，最多不得過於其爲農奴時原有之數。然原有耕地，只能維持其最低生活，一星期只須三日耕而已足。解放以後，耕地不增加，又須納稅於國家，納賦於地主，是其所得尚不及爲農奴時之多。

所以農奴解放，雖於法律身分上得到少許自由，而在經濟生活上反較前艱窘。這種不澈底的解放，大違農民的要求，沙皇時代從事生活的農民仍處於非人的待遇，無由自拔。於是農村革命的火燄，終於燃燒起來。

第四節　到民間去的俄國民粹派

民粹派運動的起源

民粹派(Narodniki)在農奴解放之初，即六十年代已有之，而創始者則為郝岑(Herzen)。一八六一年，彼得格勒大學生不滿於農奴解放而騷動，政府手慌脚亂，蹂躪學校，斥逐學生，而投諸監獄。郝岑氏於警鐘報(The Bell)申告被逐的學生說：

「青年呵！你既失學，到何處去呢？我告訴你罷？現在時代雖然黑暗，但還不能掩蔽你的耳朵。你聽到呻吟之聲嗎？你聽到怨毒之謗嗎？這些聲音，來自頓河，烏拉河，窩瓦河，尼博河之流域，來自農民所住的農村。這實靜極思動以後所發的第一聲，正要激成巨浪。你在此時，不如「到民間去」(To the People)！去吧！那裏正是你的居處！」

這些「到民間去」的呼聲，當時已深入青年的心坎，祇以政府壓迫過甚，激成虛無黨(Nihilists)之「個人自由運動」，一時「到民間去」的呼聲，轉趨沉寂。

巴枯甯派與柴柯夫斯基派

到了虛無黨屢次失敗，於是社會運動復起。加以一八六八年斯摩倫斯克(Smolensk)大飢，農民顚沛流離，無處告訴。青年悲天憫人之心，油油然生，起而與政府對抗。政府則又下令驅歸田舍，於是一時爲智識階級大本營的學生，遂各散歸，遍布全國，從事宣傳。俄皇旣斥逐大學生，又以留學西歐之青年男女，與國內運動通聲氣，亦於一八七三年令其回國。這些留學生旣歸，亦加入「到民間去」。當時策略約分兩派：一爲巴枯甯派(Bakunin)派，一爲柴柯夫斯基(Chaikovsky)派。巴枯甯派主張青年儘可捨棄學校生涯，「到民間去」領導民衆。至所謂領導云者不是給以知識思想，而當鼓勵人民反抗現制度。柴柯夫斯基派則與之相反而相成，其主張以爲非「到民間去」與民衆營共同生活，不能領導民衆。於是分往農村，或爲醫士，或爲藥劑師，或爲學校教師，以求得民衆的信仰。更有進一步與民衆相習者，則多從事木匠，鐵匠，鞋匠，以及其他種種勞動。女子則爲看護，產科醫生，或學校教師，其方法則教民衆讀書識字，使從黑暗而進於光明，同時且可洞知民衆對於改良社會生活的心理。所以巴枯寧派則爲革命的民間運動者，柴柯夫斯基派則爲和平的民間運動者。但後者在民間用以宣傳的書籍，不外馬克思的資本論（Capital），傅拉羅夫斯基（Flerovsky)的勞動階級之地位與社會科學啓蒙，也大遭政府之忌，而被拘捕。村民對他們亦不甚信任，且有賣他們於政府者。民粹運動遂告失敗。

民意團與黑色派

民粹派從失敗中認識要繼續運動，非有一種組織不爲功，於是結合一種團體，叫做「土地與自由」，含革命的和平的兩種分子而成，主張仍不一致。即一派主張非打破政治上的壓迫，社會革命無成功之望，應該組織一特殊執行委員會專與政府作恐怖的鬥爭，以暗殺爲手段；一派則以介紹馬克思主義最有力的普列哈諾夫（Plechanov）爲首領，先從事社會上的宣傳，而後從事政治上的奮鬥。兩派於一八七九年正式分裂，前者人數較多，成立所謂民意團（Will of The People），後者則另組織一種團體，叫黑色派（Black Partition）。總之：民粹派到民間去，是一羣小資產階級的知識分子之初期革命運動，他們認爲農民是最革命的階級，所以離開城市，跑到鄉村，結果宣告此路不通，歸於失敗。可是俄國社會民主工黨却能從這種失敗經驗中取得教訓而走上勝利的大道理！

第五節　美國南北戰爭的原因

戰爭前美國經濟的發展

一八六一至一八六五年的美國南北戰爭（Civil War），是美國歷史上劃時期的大事。要明白這次戰爭的必然性，就不可不把美國經濟發展的情形略加敍述。一般說來，美國資本主義越向前發展，則南北各州的經濟利益越不調和。美國在獨立戰爭後，人口一天天增加，一八〇〇年祇有五百五十萬，一八二〇年達到九百五十萬，一八五〇年達到二千三百萬，一八六〇年則爲三千一百萬。人口急劇增加，即是說國內市場繼續擴大，更促成工業的發展。北部及中部各州工業的突飛猛進，有下列數字可以證明：一八〇五年祇有四個綿織廠，一八一一年已有八十七個，一八三一年已有七百九十五個，一八四〇年竟有一千二百四十個。一八四〇年祇有紡錠二百萬，一八五〇年已有三百五十萬，到一八六〇年則有五百萬以上了。一八二〇年鐵的產額祇有二萬噸，一八三〇年已有十六萬五千噸，一八四〇年更升至三十一萬五千噸。南部各州，一切經濟仍建立於奴隸勞動之上，棉花生產極爲發達，爲美國出口貨大宗。一八二四年輸入英國的棉花爲一七二•〇〇〇磅，一八四四年爲四〇〇•〇〇〇•〇〇〇磅，到一八六〇年全美出口總額不過三萬零七百萬美金，而棉花一項却有一萬九千一百萬美金，幾達總額三分之二。這些數字，劃出兩個經濟結構的分野圖。

戰爭的中心問題

美國南北戰爭的原因，本由於南北各州經濟結構的不同，北部各州大抵從事工業與礦業，而南部則專營農業。這種產業上的分工，以及必然伴此而生之各種條件的差異，實引起絕大的利害衝突；這種利害衝突，反映在下面兩個中心問題上。

（一）黑奴問題——美國南部從前栽培烟草以非洲黑奴為勞動力的源泉。到烟草栽培業衰落時，對於黑奴的需要減少，曾引起奴隸勞動的非難，以致一八〇八年有以法律禁止非洲黑奴輸入之事。到棉花栽培代烟草而起之後，黑奴算是最適宜的勞動者，因此，奴隸制度又復活起來。當時法律雖禁止黑奴輸入，然由於（一）黑奴的祕密輸入；（二）已輸入的黑奴因自然誕生而增加；（三）從前用過黑奴而後來不用的地方——如馬里蘭，維基尼亞，即將黑奴移徙；於是黑奴遂集中於南部的棉花栽培地帶。在一七九〇年黑奴祇六七七、八九七人，一八三〇年為二、〇〇九、〇四三人，到一八六〇年則增加到三、九五三、七六〇人。即是說，黑奴人數在南部九百萬白人當中，要占三分之一以上，可想見黑奴勞動的盛行。其次，應該注意到這些黑奴祇被三十八萬白人所使用，除去這三十八萬人外，大半是連一個黑奴也沒有的小農。而北部從事工業與鑛業的人，却只需要有知識的勞動者。絕對用不着黑奴。因此，竭力維持黑奴勞動的南部，與主張廢止黑奴的北部之間，便藴藏着大的爭鬥。

（二）關稅問題——南部的地主要求與歐洲自由貿易，想在自由貿易政策之下，用棉花，烟葉等農產品交換工業品。北部的製造家則與此相反，他們需要保護工業，以免受英國工業品的競爭，因此，贊成保護關稅制度。自從南部占了勝利主張壓低關稅率以來，北部又爲關稅問題與南部成對立之勢。

這兩個問題，都是南北兩部利害衝突的焦點。很明白的說，北部工業資本家要削弱南部的經濟基礎，而南部的大地主亦不甘受北部的壓迫，所以起來反抗。如果不了解這一點，認爲北部是同情黑奴的，南部是虐待黑奴的，把不可調和的經濟矛盾，看成純粹道德問題，那就只窺見南北戰爭的表面，而忽略了南北戰爭的本質，這是與事實相去萬里的。

第六節　美國南北戰爭的過程

戰爭的導火線

廢止黑奴運動，差不多在十九世紀前半期成爲美國歷史上一件大事。到了五十年代，這種運動益趨高漲，斯陀(Stowe)女士於一八五二年，印出她的名著——「黑奴籲天錄」(小說)，以極流動的詞句，描寫奴隸制度的罪惡，一瞬間銷售幾十萬本；又在北部各村落排成戲劇扮演。當時有幾百萬人都驚疑到：還可長此容忍奴隸制度麼？有些很有力量的而又反對奴隸制度的人，脫離舊黨(民黨與民主黨)組織新黨(共和黨)，每屆選舉總統，新舊兩派競爭頗烈。林肯(Lincoln)本是南部田間的兒子，少年時曾在田間及樹林裏做過工，他不喜歡奴隸制度是人人都知道的。在林肯當選總統的消息傳出以後，南部各邦卽預備脫離聯邦，南卡羅來納(Carolina)首先發動，於一八六〇年十二月，宣告與其餘各邦間的聯盟已經解散，要在「地球上自由獨立的國家」中佔一地位。其他南部各邦，在一八六一年三月四日以前，卽林肯就職的時候，密士失必，佛羅里達，阿拉巴瑪，佐治亞，路易斯安那及得克薩斯各邦都宣告獨立。

林肯就任演說

林肯在一八六一年三月四日就任演說詞上，曾宣言：(一)聯邦成立比憲法及獨立都在先；(二)要設法使它永存天壤；(三)各邦都得矢忠維持；(四)沒有一邦僅以自己的感情可以有權與聯邦脫離的。他又說，願竭力使聯邦法律在所有各邦中實行，他願擁護及維持聯邦。以下面的話結束他有名的演說詞：

「我的不滿意的國人們，兇險的內亂問題握在你們的手中，不在我的手中。政府並不願攻擊你們。你們自己要不是甘爲戎首，那裏會有衝突。天國裏並沒刊着你們的誓言，敎你們破壞政府。但我有最尊嚴的誓言，敎我存救，保護，並維持它。我並不願意格鬥。我們本不是仇人，是朋友。我們必須不要作仇人。偏見雖說可以供我們的感情聯結緊張，但須不要破壞了纔好。記憶中神祕的弦，已由各個戰場上及各個愛國者的魂墓上，綳到這個大陸上各個生人的心裏，各個人家的爐灶上了；要是瀃我們良心上的善良再把它彈彈，聯邦的諧聲仍可以洋溢乎人耳的，這的確是可以做得到的。』

雙方力量的對比

當戰爭初開的時候，南部各邦有幾種優勢。在林肯上台以前，他們已准備戰爭數月，並奪取了境內的聯邦要塞及兵工廠。他們的政治家雖然主政多年，却沒有替聯邦政府樹起軍力。除軍士及糧秣足用以外，且有能力過人的將領，如李將軍（Roloert F,Lee），約克孫（Jack Son）及約翰斯敦（John ston）諸人，他們都在西部地方受過很好的訓練。南部各邦以有貴冑主義爲之統轄指揮，其勇往無前，本是不易克服的勁敵。

另一方面，北部也有許多優點。全國人口總數約爲三千一百萬，在北部住的有二千二百萬强，南部人口中還有三百五十萬是奴隸，成年的白種男子算起來並不滿三百萬；到戰爭快終止的時候，北部戰地上的軍士也與此相差不遠。製造業——如鋼鐵與軍需等重要工廠，都在北部。所以南部大部分的軍用品須仰給英國。加之，北部財富比南部多許多倍，易於借錢維持戰爭。南部財源大半靠北部及歐洲銷售棉花。北部封鎖沿岸與逮捕出入港口的船隻，即刻能破壞南部的進出口貿易。因封鎖的結果，出口棉額在一八六〇年爲二萬萬二百萬元，到一八六一年降爲四千二百萬元，到一八六二年僅得四百萬元。人、錢、及原料都在北部。可見北部的力量實比南部爲優。

林肯釋放黑奴

戰局既開，北部軍隊在東部陣線上每每失敗；在西部陣線上的情形較好。然想獲得最後勝利尙須有更大的努力。到一八六二年夏，顯然看出非採用新的戰略不足以打擊南部。當時南部勢力的源泉，即是濕黑奴的忠心，替他們耕田，替他們維持內部的秩序，替他們在戰地上當兵。釋放黑奴無以給南部以致命的打擊。有些理想家早對林肯鼓勵這件事，出征的將帥，因需要工人與兵士也早提出過，但都遭拒絕。直到林肯覺得這是一種很重要的戰略以後，他才贊成釋放黑奴的要求。於是在一八六二年九月廿二日宣言，以爲南部各邦如不在一八六三年一月一日以前回到聯邦之內，就必要宣告這幾邦中的黑奴永遠自由，南部各邦視這爲無用的恐嚇。結果，林肯於一八六三年一月一日實行海陸軍大元帥的職權，發出釋放黑奴的通告。

釋放黑奴的通告，常被人解釋錯了，所以須特別指出兩點：（1）宣言上並未廢止奴隸制度，不過對聯邦政府交戰一部分地方的黑奴予以釋放或自由。通告發出後，黑奴仍得在那些未退出的各聯邦中存在，即是德拉瓦，馬里蘭，維基尼亞，墾塔啓，及密蘇里。（2）戰爭過後，黑奴能否釋放還是不定的。因爲林肯在奴隸制度上沒有行政的權力。他以美國海陸軍大元帥的資格所發出的通告，在戰爭收束以後是不生效的。所以有人說，釋放黑奴只能繼續存在於實際戰爭的期間而已。一值到一八六五年，修正美國憲法十三條，才正式實行廢止美國各聯邦的奴隸制度。

北部的封鎖政策

戰前南部的基本財源是棉業，在一八六〇年南部產棉四百七十萬包，大抵售於英國，假使海上交通能夠維持，幾百萬包棉花可以交換軍需品及其他物品，則戰爭可以延長下去，也許結果大不相同。林肯懂得這一點，決定隔斷歐洲與南部間的貿易。於一八六一年宣言封鎖維基尼亞到得克薩斯的海岸線，命令戰船沿着這一帶海岸分佈，特別注重海口，以停止並逮捕想出入於南部各海口的船隻——無論屬於南部的，英國的，或其他外國的。當初有許多棉花由封鎖中偷漏出去，許多軍需品偷漏進來。在英國及南部都造有許多快汽船，叫做「封鎖的偷漏船」。在黑夜或有風暴的時候，這種偷漏船滿載棉花或供給品，衝出或衝入緊閉的海口。後來北部海軍增大，封鎖的羅網也加密，於是「封鎖的偷漏船」也無所施其技了。據說，在封鎖時期中，被捕的船有一萬五千艘之多。

這種打擊可以陷南部於絕境。

戰爭結束與林肯被刺

自釋放黑奴的通告發出後，東西部的戰爭都展開了新局面。在東部陣線上，南部李將軍曾於一八六三年六月終，深入賓夕發尼亞，以擣華盛頓之背，北部大震。林肯受各方面的攻擊，罷免戰敗的呼克爾(Hooker)將軍，以米德(Meade)代之。七月一日至三日，在葛的斯堡(Gettysburg)的惡戰，死傷者在四萬左右，勝利屬於北方，李將軍也不能不退却了。林肯到此時便於失意之餘高興起來。到七月四日，密士失必河上的維克斯堡(Vicksburg)亦在久受包圍之後，向北部投降。在西部陣線上，九月間，奇喀毛加(Chickamouga)的戰役，北部曾受鉅創；後來，在格蘭特(Grant)將軍統制之下，卒把南部軍隊逐出田納西(Tennessee)。到一八六三年終，戰線已伸入密士失必，阿拉巴瑪(Alabama)，及佐治亞(Georgia)諸邦。從此以後，南部軍隊就日益疲憊了。被人呼為「石城」(Stonewall)的約克孫早已受傷死去，此時只剩下兩支主力軍，一由李將軍率領，一由約翰斯敦率領。在「荒蕪戰役」（Battle of the Wilderness）大受損失之後，補充困難，封鎖一天天加緊，滅亡似乎只是時日問題。南部副總統司蒂芬司（Stephens）與林肯談判媾和條件，林肯要求解散南部軍隊，退出各邦仍回到聯邦，並廢止奴隸制度。南部不同意，決定戰爭到底。一八六五年四月，北部實行最後的攻擊，李將軍迫不得已向格蘭特投降。以後數天，約翰斯敦亦解除武裝歸附，南北戰爭遂告結束。

戰爭結束以後，重覩和平，並沒有兩個對立的「全身武裝結怨於心」的國家，只有一個統一的政府，北部在勝利聲中，自然是鼓舞興奮。不料事變之來有出人意料以外者，一八六五年四月十四日晚上，林肯正在華盛頓福德戲院（Ford Theatre）的座上，爲伶人蒲士（J,W,Booth）所鎗擊，這人是被南部失敗氣得半瘋了的。總統受了重傷，卽移入私宅，次晨卽一瞑不起。悲哀的消息如烈火一樣的傳遍全國，北部竟喪失其偉大的領袖了。

第七節　美國南北戰爭的結果

資本主義的勝利

南北戰爭的結果怎樣呢？一言以蔽之，是北部對於南部的勝利，是北部的工業與鑛業主打敗了南部的農業貴族。美國便從此走上資本主義的康莊大道了。俾爾德（Peard）說得好：『南北戰爭驟然使政治上的舊舞台發生變化。這次戰爭給與工業及鐵路建築以一大刺激。戰爭中所制定的關稅法，當與外國競爭時，給與工業者以周到的保護。對於軍用品，鐵，鋼，鐵路材料，織物，食料品的需要，促成了北部各種企業，幷且由於財政上的投機，政府需用品的包辦，土地的拍賣等而生出來的大富豪，爲要計劃戰爭終了後的産業發展，掌握雄厚的資本於個人手中』。(Comtemporavy American History) 這無異說，

農業的發展

南北戰爭的結果，推動美國資本主義向前突飛猛進。

一八六二年所頒布的「和謨斯忒德法」(Homestead Act)，即是

農業發展的推進機。根據此法，凡住滿五年的現實移住者，都免費予以無人管領的土地，這是使農民容易以小資本獲得土地的法律。土地大抵屬於西部，據統計，一八六〇年以後，二十年間，共有六千五百萬英畝的土地給與個人。到一九〇〇年，一直到太平洋岸爲止的土地全被移住了。於是西部發展運動終止了，這叫做「國境消滅」(End of Frontier)：不僅爲工業拓張了廣大的國內市場，並且更引起伸展手腕於國外的動機。

工業的發展

南北戰爭以來，在美國史上最重要的特徵，即是工業的發展。美國的工廠制度，從一八一二年起，便蒸蒸日上，到南北戰爭時更顯出飛躍的進展。當時政府頒布了高率的關稅法，木棉，羊毛，絲綢，鐵製品，毛織品，都用高率的關稅來保護了。到一八八〇年，美國的工業生產已凌駕於農業生產之上，即是說，工業已爲美國立國的基礎。嗣後工業的發展更足驚人。進到二十世紀，美國已成爲世界上第一個工業國。茲附下列統計以資證明：

	一八五九年	一八七九年	一八九九年	一九一九年
人口	三一•四四三•○○○人	五○•一五五•○○○	七五•九九四•○○○	一○五•七一○•○○○
農產物價值	～～～	二•二一三•○○○•○○○美金	四•七一七•○○○•○○○	二三•七八三•○○○•○○○
工業品價值	一•八八六•○○○•○○○美金	五•三七○•○○○•○○○	一一•四○七•○○○•○○○	六二•四一八•○○○•○○○
投資額	一•○一一•○○○•○○○	二•七九○•○○○•○○○	八•九七五•○○○•○○○	四四•六八八•○○○•○○○
工錢支付額	三七八•八七九•○○○	九四八•○○○•○○○	二•○○八•○ ○•○○○	一○•五三三•○○○•○○○
工錢取得者	一•三一一•○○○	二•七三三•○○○	四•七一三•○○○	九•○九六•○○○

總之：無論從何方面說，南北戰爭確是美國歷史上劃時期的大事。

練習問題

（一）俄國解放農奴與美國釋放黑奴是否出於人道主義？

（二）對於俄國民粹派的批評。

（三）美國南北戰爭，何以北勝南敗？
（四）南北戰爭何以是美國歷史上劃時期的大事？

參攷資料

（一）俄國革命史第一第二兩章（商務印書館）
（二）美國資本主義發達史第七章（新生命書局）
（三）美國社會勢力發展史第十九與二十章（神州國光社）

第八章　歐洲的民族運動與社會運動

第一節　意大利的統一

民族運動與戰爭

從一八一五年至一八五〇年，歐洲各國——尤其是中歐與西歐——都曾發生過不斷的騷亂，但他們相互之間，並未有正式的戰爭。而在此時期以後，歐洲各國，戰爭迭起。英法與俄羅斯有克里米戰爭（Crimeam War——一八五四至五六年），法國與沙地尼亞有對奧戰爭（一八五九——六〇年），以後有普奧對丹麥戰爭（一八六四年），有普奧戰爭（一八六六年），有普法戰爭（一八七〇——七一年），有俄土戰爭（一八七七——七八年）。這些戰爭都是直接間接起於民族統一運動，而一八六三年的波蘭革命，亦由同一原因而起。因此，在某種意義上可以說，十九世紀後半期的歐洲，民族運動的怒潮已升到最高點。

政治家加富爾

茲先從意大利說起。意大利的統一運動，前面第五章第六節裏已約略講過。一八四八年意大利的反奧運動亦隨歐洲革命的消沉而失敗。事實證明意大利的統一，不可不結外援。沙地尼亞政治家加富爾(avour)是懂得這一點的。適沙地尼亞新君耶瑪溜(Victor Emmanuel)即位，命加富爾於一八五二年出來組閣。加氏以沙地尼亞地壤褊小，國力微薄，人口不過五百萬，國內分成四區，各區又復互相猜忌，如無他國之助，則統一不易告成。在當時諸國中，加氏以法國比較可靠，嘗說：『無論我們的好惡怎樣？將來實要借助於法國；遲早之間，歐洲必有運動會，而我們必為法國的伴侶』。

路易拿破崙與意大利

路易拿破崙在青年時代，曾參加燒炭黨，他掌法國政權以後，也標榜以民族為本位而組織獨立國家，藉以維持和平，所以相當同情於意大利的民族運動。加富爾在克里米戰爭緊急的關頭（一八五五年一月），向路易拿破崙提出願以沙地尼亞軍隊相助，遂與法國訂攻守同盟之約。至一八五六年在巴黎開和平會議時，沙地尼亞獲得列席資格，加富爾力言奧國佔領北部意大利，實有擾亂歐洲和平之虞，並要求路易拿破崙援助意大利獨立。同時，路易拿破崙亦欲在國外立功以博國民的同情，或乘此進一步爲意大利的保護者。一八五八年七月二十——二十一日，加富爾與路易拿破崙會見於普倫比耶（Plombteres），訂立對奧同盟，法國與沙地尼亞共同驅逐奧國出意大利。如果成功，則沙地尼亞允割薩瓦（Savoy）及里司（Nice）兩地給法國。

意奧戰爭

加富爾旣與法國訂立對奧同盟，他就積極準備戰爭，并預定在路易拿破崙未變計之先挑起戰爭。果然，戰神便於一八五九年四月降臨了。路易拿破崙宣言不拋棄其同盟國，出兵助戰，敗奧軍於麥堅塔（Magenta）。六月八日，路易拿破崙與耶瑪溜並駕入米蘭城，人民歡聲雷動。六月二十四日又敗奧軍於索非利洛（Solferino）。奧國在意大利半島上的勢力幾乎破壞無餘。不意路易拿破崙忽與奧國在維納佛蘭克（Villafranca）訂休戰條約，留威尼沙於奧國之手，歐洲各國聞之，無不驚詫。路易拿破崙所以如此，實不願意大利得到眞正的統一，貽法國以將來之患，故僅以倫巴底，帕瑪（Pa ma），摩德拿（Modena）與辟得蒙，使意大利的統一不致過分。可是意大利的統一運動既出自社會各階級的要求，自然不是路易拿破崙所能遏止。

意大利王國的成立

一八五九年八九月間，帕瑪，摩德拿及多斯加三地的人民，宣言永逐其元首以與沙地尼亞合併。亞平甯山（Apeunines）以北的教皇領土羅馬納（Romagna）亦宣言脫離教皇加入於沙地尼亞之內。各邦都引用沙地尼亞的憲法，此種國民運動就把意大利統一之局展開了。

南部意大利的拿不勒斯既不願與沙地尼亞聯盟，又不欲實行立憲，其時有加里波的（Gariilaldi）者，本是一個船員，在一八四八年革命時，曾取得革命的光榮，受全意人民的讚仰，於是決意以武力强迫南部意大利及西西里（Sicily）與沙地尼亞合併。他在一八六〇年五月，率領「紅衣」志士一千人由熱那亞（Genoa）渡海，向西西里而進，打敗拿不勒斯的軍隊，以耶瑪溜第二之名義佔據該島。不久，登意大利半島與拿不勒斯軍隊交戰，九月六日進拿不勒斯城，南部意大利亦定。

一八六一年二月，有一代表全意大利（除威尼沙與羅馬）的議會集於狄林（Turin），其第一件大事，即在議定以意大利國王的名號奉於耶瑪溜，意大利王國從此成立。

一八六一年後的意大利

要完成意大利的統一須取得威爾沙與羅馬，要辦到這一步，不可不推翻奧國與法國的勢力。一八六六年春，普奧戰機甚迫，普欲得意大利之助，乃於四月間，與耶瑪溜締結條約。七月間，戰爭開始，普意合攻奧國，敗奧軍於沙多瓦（Sudova），於是威尼沙復歸入意大利的版圖。

意大利既收復威尼沙，仍不忘情於羅馬，然路易拿破崙受羅馬舊教黨的包圍，堅持反對。會一八七〇年普法戰爭發生，法軍駐留羅馬者均撤回，意大利軍隊遂得入羅馬城，教皇成爲「意大利政府的囚犯」。羅馬城及教皇領土以十三萬票的多數，於一八七一年一月合併於意大利，反對者僅一千五百票而已。意大利統一運動全功告成。耶瑪溜遷入羅馬時宣言說；『吾人竟入羅馬矣，吾輩將永留此地也』。此後沙地尼亞的憲法遂爲意大利王國的憲法。

第二節　德意志的統一

統一的經濟基礎與軍備

一八四八年福蘭克福議會中的維新黨人本有統一德國的計劃，但以德國諸邦的君主負固自守，各不相下，又以普魯士君主畏懼奥國的干涉，以致計劃完全失敗。可是德國北部諸邦的產業日益發展，市場範圍擴大，不能以本邦的界線爲限，事實上若不統一，便足以妨礙經濟的發展。所以，德國在政治上雖未統一，而在經濟上卻已在「關稅同盟」的形式上築就統一的基礎了。一八五八年威廉第一卽位，爲普魯士開一新紀元。威廉第一爲人沉毅有爲，卽位之始，卽以排除奧大利於同盟之外，合其餘諸邦而建設一强有力的國家爲己任。他以爲普奧之戰，斷難避免，故專心於武力的擴張。普魯士自威廉第一一意整軍經武以後，全國實行徵兵制，一旦動員，立卽可以召集四十萬人。不但奧國非它的敵手，就是法蘭西也不敢小視它呢。

鐵血宰相

一八六二年，威廉第一任命俾斯麥（Otto Von Bismarck）爲相。俾斯麥極忠於普魯士，欲以普魯士的精神貫注於德國諸邦。他深信君權神授之說，不贊成代議制，對於思想自由十分藐視。他以爲欲達德國統一與强盛的目的，非「鐵與血」不爲功——卽鐵血主義——。一九一四年歐洲大戰之巨災，俾斯麥的鐵血主義，亦其中主要的原因之一。

俾斯麥以爲欲使普魯士雄霸歐洲，其要點有四：（一）普魯士要有强大的陸軍；（二）奧大利非驅出德國範圍之外不可；（三）普魯士的國土必須增加，凡介於普魯士領土間的小邦均應合併之；（四）德國南部諸部非誘之北附不可。他根據這四要點，立卽實行，當然第一是練兵。不數年間，普魯士的軍力驟增，已有戰勝其世仇之望。俾斯麥既欲逐奧大利於同盟之外，乃利用敍列色維格和爾斯太因（Schleswig—Holstein）事件以實現其計劃。敍列色維格和爾斯太因兩地中的居民多係日耳曼種而附屬於丹麥。一八四七年丹麥王宣言將兩地合併於丹麥王國。德人聞之，莫不憤怒。俾斯麥以爲欲解除此事的糾紛，莫過於將此兩省奪爲己有，同時並可得對奧國宣戰的機會。他先用甘言誘奧國與普魯士共同對丹麥宣戰。一八六四年二月，奧普聯軍進逼丹麥，丹麥大敗，遂割讓此兩省以求和。至於兩省領土之處置，一聽兩國自決。俾斯麥實不願兩省之平分，欲單獨收爲己有，以引起奧國對普魯士宣戰。乃於和爾斯太因境內沿波羅的海濱的基爾（Kiel）地方修築軍港，爲駐屯普國海軍之用，奧國果大憤，而戰端遂伏下導火線了。俾斯麥「眞奸雄哉」！

普奧戰爭

一八六六年四月，俾斯麥與意大利祕密訂結攻守同盟，許意大利取得威尼沙。普奧兩國的衝突日益利害，一八六六年六月，奧國使議會下令召集「同盟」的軍隊與普魯士戰，普魯士議員遂宣言「同盟」解散。六月十四日，普奧兩國均正式宣戰。德國諸邦除梅格稜堡 (Mecklenburg) 及北部諸小邦外，莫不助奧以攻普，俾斯麥急向北部諸大邦如漢諾威 (Hanover) 薩克森等要求令其與普國一致。諸邦不允，普軍遂首先侵入其境。以訓練有素的普軍，征略北部諸邦，勢如破竹。七月三日，復大敗奧軍於沙多瓦，三星期之後，奧軍潰不成軍，普魯士遂爲德意志諸邦中唯一的領袖。

北部德意志聯邦

普魯士深知梅茵 (Main) 河以南諸邦尙未有與北部德國聯合之意，故僅合梅茵河以北諸邦而成北部德國聯邦，普魯士並乘機擴充領土，凡北部德國諸邦之曾反抗普魯士者，除薩克森外，無不據爲己有。普魯士的領土既大加擴充，乃召集諸國籌商制憲的方法。普魯士所抱的目的有三：（一）普魯士統治下的人民，不問屬於何邦，都應予以參政的機會：（二）普魯士的霸主地位須始終維持：（三）同時各邦君主的尊嚴又不能不顧及。乃決定以普魯士王爲聯邦的總統，設聯邦議會爲立法機關。聯邦議會的表決權數共四十三，而普魯士竟得十七，且同時還可得他邦的援助。所以北部德意志聯邦名雖爲全體聯邦所統治，實則爲普魯士一邦所統治呢。

普法戰爭

一八六六年，普魯士大敗奧國，法國皇帝拿破崙第三聞之，大爲惶恐，法國皇帝本希望普奧戰事延長，使他們兩敗俱傷，彼可以坐收漁人之利。不料普奧戰爭不及一月卽告終結，他便嗒然若喪！同時，他經營墨西哥，以被窘於美國而失敗，政府威信掃地無餘。正當其時，荷蘭欲售盧森堡(Luxemburg)於法國，而普魯士又要作梗，使他不能如願以償。在這種情況之下，法國皇帝被逼得不能不與普魯士一戰，一以洩胸頭的忿火，二以收既失的民心。普魯士新勝之餘，俾斯麥睥睨一切，也正想和法國比一個高低，以發揮他鐵血主義的威力；自然，他最希望的，是在戰爭之後，得擴大德國聯邦的領土，增加普魯士統治的版圖啊！恰巧這時候，西班牙發生王位繼承問題。西班牙自一八六八年女王伊薩伯拉(Isabella)被逐以後，王位空虛。西班牙國會議決迎立普王威廉第一同族的利歐破爾德 (Leogold) 入承大統。法國皇帝又大惶恐，以爲此事如果實行，無異西班牙合併於普魯士。法國外交部大臣反對此舉，引起普魯士人的憤激，尤其是一般好戰喜功的武人。一八七〇年六月，利歐破爾德得普王的同意，竟貿然入繼西班牙的大統；法國立即抗議，遂不果行。此事原可就此結束，不料法國猶以爲不滿意，要求普王擔保不再重提此事。普王不允，一八七〇年七月十九日，法國遂與普魯士宣戰。

普法宣戰後，南部德國諸邦都援助普魯士，不數日普軍渡過萊茵河，法軍敗退。在梅慈(metz)附近，血戰數次，法國一師軍隊被困於城中。不二月又有色丹

(Sedan)之戰。一八七〇年九月一日，德國人又俘法軍一師，且俘獲法皇路易拿破崙。德軍遂長驅直入，圍困巴黎。法國人民便起而革命，廢除帝制，宣布第三共和國之成立。新政府雖有抵禦的意思，可是因爲法國工人階級的勢力日大，他們生怕政權爲工人所奪，乃立即決定投降，與普魯士訂停戰條約。結果法國割讓亞爾沙斯羅倫(Alsace, Lorraine)兩省於普魯士，並賠款二千兆佛郎，德國人須俟賠款還清之後，方允退出法境，法國人引以爲奇恥，這便預伏着一九一四年歐洲大戰的根基。

德意志帝國成立

普魯士既戰敗法國，俾斯麥建設德意志帝國的希望便可以實現了。南部德國諸邦亦相率加入北部德國聯邦之中。各邦協商的結果，乃將「北部德國聯邦」易名爲「德意志帝國」，而擁聯邦的總統普魯士王爲德意志皇帝。威廉第一遂於一八七一年一月十八日在法國凡爾賽宮中上皇帝的尊號。於是四分五裂的德意志諸邦，遂告統一；而這雄視全世界的武備的「德意志帝國」，便宣告誕生了。

德意志的統一是由貴族俾斯麥自上而下來完成的。這卽是說；資產階級不能建設適應本身利益的德國，而由普魯士王室替他們完成革命的任務。從此以後，完全由貴族掌握德國政權；但貴族却採用資產階級的政策。資產階級與貴族聯合，便是德意志帝國政權的特徵。

第三節　奧匈帝國的建設

奧匈聯合

奧大利自被普魯士戰敗以後，離德意志而獨立。當一八六一年時，奧大利曾有統一國土，建設帝國的計劃，因匈牙利人，波希米亞人，波蘭人相率退出國會，事遂中止。一八六六年，奧大利旣爲普魯士所敗，極欲聯絡匈牙利以自保，於是兩國共同立一個「協約」。奧大利皇帝約瑟夫（Francis Joseph）自認爲兩獨立國的元首；兩國各有憲法，各有國會，各有國務大臣。惟關於外交，宣戰，媾和，三事，則兩國一致，如同一國。此外兩國的海陸軍，由兩國共同指揮，幣制，度量衡，及關稅等，亦兩國一致。此種國家的組織雖屬新奇，而國力甚强，故能維持至幾十年之久。

聯合的組織

自這種聯合的組織成立以後，凡兩國共同的事，如外交，海陸軍事，財政，都由奧大利皇帝派大臣擔任。三大臣對於「兩國國會聯席會議」負責任。「聯席會議」以奧匈兩國國會各選出代表六十人組織之。開會的地方，一年在奧京維也納，一年在匈京布達佩斯（Budapest）。開會的時候，一用德語，一用匈牙利語，往返商酌，全賴文書，偶有異同，則合開議會以便取決，並沒有什麽詳細的討論。

新組織的缺陷

奧匈聯合，相互間的困難問題得以解決，可以各趨於和平發展之途。然亦有組織上的缺陷，卽在三種民族組成之帝國內，施行兩族聯合統治制度。德意志人種與匈牙利人種固然滿足，而斯拉夫人則繼續抱不平之感。

與匈帝國基礎之不穩固，政治不能充分發揮民主精神，民族問題未能根本解決，實其最大原因。

第四節　法國第二帝國時代與巴黎公社

社會運動的背景

自歐洲一八四八年革命失敗後，便進到整個反動時期。一八五一年——七一年是工商業資本家與封建貴族爭鬥漸漸削弱的時期，資本家在各方面都戰勝了，封建貴族爲保持其殘餘勢力，便退讓了；同時，也以蛻化的封建骷髏去參加新的經濟生活——資本主義。因此，封建貴族便與新經濟制度的統治者——資本家形影相隨了。勞動者呢？受到一八四八——四九年慘酷的屠殺，損失了不少的精銳，但這究不能消滅未來的爭鬥，另一方面，一八五一——七一年的二十年間，以工商業的發展，市場的擴大，技術的進步，勞動者的經濟生活，自然有相當的提高，然而這也不是說困苦已經解除。所以到了一八六〇年左右，社會運動又抬頭了。第一國際於一八六六年九月在日內瓦成立。馬克思的資本論（Capital）第一卷也出版，各國的社會運動，便匯合而成國際運動的巨濤。

第二帝國時代

法國一八五一年十二月二日的政變，使法蘭西共和國的總統路易拿破崙，一變而為法國皇帝拿破崙第三，一直到一八七〇年為止，這二十年間稱為第二帝國時代。從一八五二——六六年的第一階段中，是拿破崙第三最興盛的時期，戰勝了俄奧兩國，對外的勝利鞏固了他的政權，在國內沒有遇到任何反抗，法國的資本家與農民是極力擁護第二帝國的。但到一八六六年，帝國統治便發生了動搖，外交上的失利，工商業的衰落，使反對派的運動與騷亂乘之而起。工業資本家不滿意於拿破崙第三的對英通商政策（自由通商）；大商業大財政資本家認為政府對外政策，沒有受全法公民的委托；智識分子因為沒有得到政治自由，又加以軍隊的苛待，偵探的摧殘，所以反對更形激烈；勞動者的罷工運動，不待言，也是繼長增高的。

國防政府

自從拿破崙第三在色丹一戰被普軍俘虜後，巴黎的勞動者一方面武裝起來開赴戰地抵抗普軍的進攻，一方面和共和主義者聯盟於九月四日宣布共和，組織臨時政府，卽所謂「國防政府」(Government of Public Defence)。很迅速的編制了三十萬人的國民自衞軍。不料法國資本家生怕勞動勢力的擴大，急於與俾斯麥談判，普國便極蠻橫的要求割讓亞爾沙斯羅倫兩省與巨大的賠款；於是巴黎的勞動者，極力主戰，高呼「反對媾和，戰爭到底」等口號，反對資本家出賣法蘭西的民族利益。他們以爲只有繼續對德宣戰，才是擁護共和政治的出路。在一八七一年二月八日，一個負有停戰媾和任務的國民會議選舉出來了。被選的份子，衹有兩百名是擁護共和政體的人物，而帝制派的議員，則佔有四百名的議席。全國各農業區域，在資本家與地主領導之下，不管付以任何的代價，都不願戰爭。巴黎的勞動者則不顧如何重大的犧牲，主張繼續宣戰。以割讓土地爲換得和平的代價，是巴黎的勞動者絕對不能容忍之事。同年二月十三日，國民會議在波爾多（Bordeaux）地方召集開會，以五一六票對一〇七票批准媾和條約。而此主戰的一〇七票當中，差不多有一半是巴黎勞動者的代表。

三月十八日的巴黎革命

各省的地主與資本家，始終和巴黎的勞動者處於對立的地位；國民會議對於巴黎的勞動者也始終表示非難。可憐那些勇敢的巴黎戰士，爲了保障法蘭西民族利益的安全，忍受了五個月的長期血戰，到了此時，還須受本國「同胞」的凌辱。國民會議與其所選舉的行政首領梯爾（Thiers），更暗中計劃解除巴黎的武裝，奪取巴黎的自治權，使之喪失首都的地位。巴黎公社的武裝暴動，卽由這種局勢底下醞釀而成的。一月二十八日在巴黎公佈的普法和約，本載明法國方面應將巴黎市內法軍所有的軍用品，移交與普魯士的軍隊。但是國民自衞軍——巴黎的勞動者武裝——的槍械大砲，一概除外，因爲這些鎗砲，非國家所有的武裝，是由人民集資購備而來。但停戰以後，政府開始密謀將這些民有的武器收爲國有，藉以解除國民自衛軍中勞動者的武裝。不幸三月十八日晚上那些被派去搬運勞動者武器的兵士，在場聽了一番革命的演說，更掉轉鎗頭，殺了兩個統帶軍官和勞動者攜手。自此時起，資本家的『共和政府』便遷到凡爾賽去了。巴黎就落到國民自衛軍中央委員會控制之下。

巴黎公社的組織

現在再來說明巴黎公社的組織。巴黎公社將全巴黎市分成若干區，每區設有『工人評議會』，在全巴黎並設有『兵士代表會議』。同時勞動者所組成的『國民自衛軍，』都有自己選舉軍官的權利，不受任何方面的利用。國民自衛軍爲統一巴黎市的武裝指揮起見，乃先發起組織一個『臨時中央委員會』。這個委員會經過三月初三日召集的代表會議通過之後，就取得了合法的地位。代表會議並規定委員會的人選，由全城二十區各推代表三名組織而成。三月十五日，『合法的中央委員會』正式成立。這個『中央委員會』，可以叫作兵士代表會議；因爲所有的委員，都是由勞動者的武裝——國民自衛軍——選出來的。根據中央委員會的報告，三月十八那天，巴黎國民自衞軍二六〇個部隊當中，已有二一五個部隊，隸屬於中央委員會指揮之下。全巴黎的工人在這個時候，都在武裝自衞中，兵士與工人是一而二，二而一的。因此，我們又可以把這個中央委員會當作一個聯絡工人評議會與兵士代表會議的中樞機關。不久，在人民選舉的大會上，產生了「公社」的政權，爲革命最高政權的組織，它既可以立法，又是行政機關，具備了「無產階級專政」的雛型。

巴黎公社的自衞宣言

在巴黎公社統治之下，資本家與一切反動份子自然只有逃開他們所稱的「野蠻的巴黎」，而請救於凡爾賽的共和政府。凡爾賽政府便開始捕殺巴黎公社中人，巴黎公社也開始以武力對待凡爾賽政府及潛匿於巴黎市內的反動份子。四月五日，公社正式發一篇宣言，內說：

『民衆雖在憤怒之中，然無時不以仁慈正直之心，反對一切野蠻的流血行爲，與殘暴的內亂。但是對於敵人的野蠻殘殺，採取相當的自衞手段，乃爲革命民衆的義務。這雖然使民衆感着莫大的困難，但民衆始終須保守以眼報眼以齒對齒的原則。」

在事實上，公社表現十分豁達的態度與正直的心腸，並沒有實行「以眼報眼以齒對齒」的信條呢！

悲慘的結局

五月二十一日，凡爾賽的軍隊雖然開始進攻巴黎，巴黎的勞動者料不到他們竟公然實行進犯，事先沒有集合準備，臨時赴戰，當然免不了失敗；但他們仍然發揮民衆武裝的威力，與凡爾賽的器械精良的「虎狼」，惡鬥了一個星期；這就是有名的「巴黎巷戰」。在這次戰爭中，兩方都非常的兇猛。結果，凡爾賽軍隊死傷七千六百人，公社軍隊死傷二萬人，巴黎全爲凡爾賽軍隊佔領，復大施屠殺。單是被鎗斃後掩埋於公共坟山的屍體已有一萬七千具。其後所以停止屠殺，就是爲了衞生起見，因死屍太多，發生腐臭，引起全城的傳染病。從此，巴黎公社的重要分子，卽倖免殺戮，不是被拘禁，就是被放逐，而法國的工人勢力幾乎從此消沉了二十年。

第三次共和國　自巴黎公社失敗後，國民會議卽討論國體問題。共和黨要求正式建設共和政治，正統黨（帝制派）要求總統退職，意欲乘機復辟；奧來安黨（Orleans）要求總統任期延長至一八八〇年，以便從容佈置己黨的勢力。結果，奧來安黨勝利。至一八七五年，國會又討論國體問題。一月二十九日，以一票的多數，議决成立共和政體，大總統應由上下兩院合開的聯席會選舉之。法蘭西第三次共和國，便宣告合法的成立了。

練習問題

（一）歐洲十九世紀中葉各國民族運動的經濟背景是什麼？

（二）比較德意兩國統一運動的過程與其結果。

（三）民族戰爭與帝國主義戰爭有何區別？

（四）試述巴黎公社之歷史的意義。

參攷資料

（一）近代歐洲政治史第四章（商務印書館）

（二）歐洲近百年革命運動史第二章（亞東圖書館）

（三）西洋史要第十二章第十四章（南強書局）

（四）Hayes: A Political and Social History of Modern Europe Chap. XX

第九章　日本明治維新運動

第一節　西力東漸

日本的鎖國政策

在十六世紀時，蓬勃而起的歐洲資本主義，以葡萄牙人爲先驅而向印度問津，更進而向東洋發展。東洋與西洋的交通，於是一天天暢行無阻起來。可是日本從十世紀以還，還採取「鎖國政策」，孤立於世界歷史之大運動圈外，而爲閉關自守的農業國。日本在當時只與荷蘭相通。英俄兩國的船隻，雖曾向冬眠的日本數次叩關，然究不易打破鎖國的迷夢。到了十八世紀，歐洲資本主義，如日方升，經營東洋，較前益急，英佔印度，法侵安南，俄窺黑龍江，相繼而起。歐洲資本主義的怒潮，便向日本周圍奔騰澎湃。

日美締約

在西方資本主義進逼之中，日本的大門無論如何也關不住。到一八五三年，美國的海軍提督潘萊(Perry)率兵艦四隻在浦賀進口，提出國書，要求通商。日本政府非常震駭，一班祈禱者則在廟內祈求神道；盼望這種不遠萬里而來的外國人早日死亡，但日本的神道，似乎不理這囘事。其明年，潘萊又來要求答復，並帶有更多的兵艦與大砲以爲後盾。日本不得已，終於與美國締結了神奈川條約，下田與函館被開爲通商港。一八五七年，又開江戶，大阪，兵庫，新瀉四港。不久，其他國家也得到同樣的權利。一八六〇年，俄國竟有佔領對馬島而有久留之事。英國兵艦砲擊下關及鹿兒島一類的把戲亦相繼發生了。

攘夷論與開國論

一般日本人以及封建貴族，大抵把外國人當作「野蠻民族」看待，他們以爲這種民族，應從日本境內驅逐出去。於是「攘夷論」盛極一時。在一八六三年，有兩個貴族實行攻擊外國人。當歐美兵艦爲懲戒這些仇視外人的貴族而轟擊日本城市的時候，夜郎自大的日本軍人，就覺到自己在外國的砲口之下屈伏了。於是「開國論」便漸漸代替了「攘夷論」。這就是西力東漸必然的結果。

第二節　明治維新的背景

社會經濟的轉變

一般說來，日本封建制度的崩壞與資本主義社會秩序的確立，是以明治維新爲一關鍵。在德川時代，其社會制度，雖是土地所有者依賴榨取農民而生存，然而商業資本已有相當發達（江戶，大阪）；到德川末期，幾乎一切諸侯如不仰這種商業資本的鼻息，就不能通融金錢，經濟之實權漸次移至新興的階級——「町人階級」手中。但當商業資本增加勢力的時候，就覺得封建制度成了桎梏；且以全國爲範圍而發達的商業資本，及已經發達到要求全國市場的某種產業，已與封建制度之各種限制衝突，不得不向要求國民經濟統一的方面進行。

另一方面，封建諸侯的經濟，因隨封建制度之爛熟而來的濫費以及依賴商業資本的結果，漸次化爲窮乏，對其領土內的農民，其剝削益加殘酷（所謂公七民三，即收穫的十分之七爲領主奪去），於是農民便起來反抗。到德川末期，所謂「百姓一揆」（農民暴動），即不斷的發生，給封建制度以强烈的打擊。又隨着地方諸藩的窮乏，而下層武士的生活特別惡化，其中間的一部分，也開始改革運動。

倒幕運動

因各地方發展不平衡的結果，薩，長，土，肥等藩成爲富强，其他地方則日趨貧弱，德川氏更爲窮乏；諸藩之間形成尖銳的對立，强藩乃出而作推倒德川以移政權於自己掌握中的運動。所以，這些强藩之擁戴朝廷，是以先倒德川爲主的一條共同戰線。

日本封建制度既有從內部崩壞的趨勢，而西方資本主義又來敲「鎖國」之門，對這位不速之客——西方資本主義——的光臨，應取如何的態度，就成爲日本國內最大的政治問題了。關於這一問題所引起的紛歧，乃與國內支配階級內部的對立相糾結，更促進這種對立，而使之深刻化。鬥爭的結局，德川幕府倒，而擁戴朝廷的薩，長，土，肥諸藩占了勝利。在倒幕運動中，有從各藩而來的下層武士參加，是不待說的。

新舊勢力的妥協

共奏凱歌的諸藩，雖以朝廷爲中心而取得政權，然仍不能維持其「日薄西山」的封建制度，所以不得不向其他社會形態推移。剛好這時候，國內已有比較發展的商業資本——特別是其中的某一部分（如三井，鴻池等）與倒幕派相結托，而某種產業又有要求全國市場的熱望。於是，新成立的政權，爲維持本身而使其強固起見，不得不適應當時社會的基本條件。在這種情形之下，新政權就從封建的形態向着資本主義的形態推移。

正因爲如此，日本便成愛學時髦的學生一樣，迅速的學會了歐洲的一切。從一八六〇年起，很敏捷的依照歐洲資本主義的模型，改組了政府，法律，與軍事。不久，鐵路，工廠，輪船……也在這個「古色古香」的扶桑三島上出現了。

第三節　明治維新的性質

明治維新與資產階級革命

明治維新，就其社會的性質與內容說，無疑的是資產階級的革命。不過，明治維新與歐洲資產階級革命比起來，頗有特殊的性質，這就是說，日本這次革命的領導者，不是像歐洲資產階級一樣的。在德川時代，雖有資本的蓄積，雖有爲機械工業基礎的家庭工業的發展，然以「町人階級」的力量微弱，以致這次革命的領導者落到那些爲預想資本主義制度確立而活動的武士階級手中。這樣一來，明治維新之澈底的革命性便喪失了。所以地主勢力到今日還是殘存，可是，說明治維新不是資產階級革命也講不通。因爲明治維新乃是從鎌倉以來，約亘八世紀，爲日本社會之支配形態的封建制度，加以最後之一擊。於是揭開了新資本主義社會之幕。

明治維新不徹底的原因

在明治維新前相爭鬥的兩種勢力，卽幕府軍與倒幕軍，自然都是地主的勢力，不像歐洲資產階級革命一樣，採取資產階級與地主對抗的形式。幕府固然是大土地所有者，就是倒幕軍的主人——如薩，長……諸藩之類，也是以大土地所有者爲基礎的地主勢力。所以在明治維新後成立的藩閥政府，仍然帶有很濃厚的地主政府之性質。話雖如此，然而維新以後，却實行了猛烈的保護政策，培養了早熟的日本資本主義的發展。何以地主政府要爲與自己對立的資產階級盡力呢？這應該從兩方面來說明：第一，因爲日本不能孤立於世界資本主義的圈外，爲謀在經濟上不做他國的殖民地起見，爲謀在政治上保持民族獨立起見，所以明治維新的地主政府不得不捨棄舊式封建生產及其支配形態，而創造資本主義的生產與統一國家的支配形態。第二，因爲日本從封建制度的胎內發展出來的「町人階級」，在經濟上漸漸壓倒日趨沒落的封建經濟，以致地主政府不能不屈伏於新興勢力之前。

然而，在明治維新的過程中，資產階級不能以獨立的資格出來爭鬥，而靠地主勢力來培養日本資本主義，這即是日本資產階級革命不能徹底的理由，這即是日本的民主主義不能十分確立的理由。這種畸形的發展，其禍害一直流傳到現在。目前日本的狀況雖是資產階級跳上政治舞台，但地主亦是政治舞台上的「平分春色」者。地主勢力的殘存，就決定反動的日本帝國主義的政治愈加走向反動之路。

第四節　明治維新的政治改革

改革的步驟

日本在一八六七年以前，是十足的封建國家，有不法的貴族，有豪暴的武士，有卑賤的佃奴。據傳說日本帝國係第一世神武天皇於紀元前六六〇年所開創，萬世一系，未曾改易姓號。不過，在過去數世紀內，天皇把地方政府的權落於貴族手中，又讓一個主要的貴族——幕府（Shogun）來控制中央政府。到了西力東漸之際，幕府被迫通商，引起國內人民的攻擊，幕府威嚴，從此掃地，到處廢除幕府恢復皇權的運動，相繼而起。所以明治維新的第一步，是廢除幕府。一八六七年十月，將軍上辭職書於天皇，天皇准之，此後幕府就公然取消，國家政權便回到天皇手裏。第二步是廢除封建制度。在一八六八年六月，實行人民土地由封建諸侯移歸天皇統治，并從事於省政府的改組，由天皇任命省長主持各省政務。第三步是廢除階級特權。在一八七〇年，武士階級已得到准許自由謀業，平民也可參與軍民公務。可是到一八八四年，對於貴族，封建諸侯，又分別封給以下的爵號——公爵，侯爵，伯爵，子爵，男爵。一八八九年的憲法上面，竟規定這幾個階級有出席上議院的權利，似乎階級特權又經恢復過來。

一八六八年的誓書

幕府倒後，建立起權力集中的新政府，當時已將舊的政治組織重新編制整理過，彷彿日本已成了歐羅巴式的資產階級的統一國家。在一八六八年（明治元年）三月十四日，曾發表了所謂「五條御誓文」，甚至有人稱爲日本大憲章(Japanese Magna Carta)。其全文如下：

（一）廣興會議，萬機決於公論。

（二）上下一心，以盛行經綸。

（三）文武一途，下及庶民，令各遂其志，而使人心不倦。

（四）破除陋習，從天地之公道。

（五）求智識於世界，以振皇基。

一望而知是冠冕堂皇的大宣言。雖說相傳這幾條誓文有從各藩徵召一定人員而行會議的意味，然而有歐羅巴式的資產階級民主主義爲基準，則是無疑的事。

但是明治維新的指導者不是純粹的資產階級勢力，所以明治的政治改革不大澈底，或者也可說是半途而廢。從一八八四年（明治七年）以後，明治政府竟化成了薩長勢力之藩閥政府，對民選議院運動以及其他民主主義運動施行猛力的壓迫。

一八八九年的憲法

一八八一年十月十二日，政府明令公佈定於一八九〇年召集國會。次年派伊藤博文赴西歐考察憲政。伊氏以英國制度過重民主，不適宜於日本，因此，他所研究的多係德國制度，以致日本憲法，大半從德國憲法脫胎而來。一八八九年二月十一日，伊氏所草憲法得天皇批准。規定天皇神聖不可侵犯；天皇爲國之元首，總攬統治權；設貴族院與衆議院；國務各大臣，輔弼天皇，而負責任……等等。第一次國會選舉，於一八九〇年舉行，同年十一月召集第一次國會。東方的日本，遂穿上了一件歐洲議會政治的外衣。

政黨政治的雛型

日本議會政治始於一八九〇年，但政黨却在前數年卽已發生。最早的政黨是一八八〇年沼間守一等所組織的自由黨。後二年，又有河野大隈等所組織的進步黨。這兩個政黨都主張「自由」與「改進」，不過前者更有急進的彩色。他們對藩閥政治與軍國主義，加以極端的攻擊。然到一八八一年下詔改設立憲政府之後，這種熱烈的政治運動，就轉變而努力於準備立憲的工作。第一次國會選舉時，便產生十個政治小團體。不久，這些小團體遂合併而為四五個政黨，自由黨與進步黨乃其中之最大者。在一八九五年中日戰爭以後，日本內閣大抵被一班藩閥政治家所把持，對國會不負責，各政黨雖力加攻擊，然終不能獲得政權，徒使眾議院迭受解散。以後伊藤內閣則實現其「弭爭政策」，斷然與眾議院政黨相聯絡。到一八九八年，自由進步兩黨合組為憲政黨，該黨領袖大隈出任內閣總理，即是日本第一次政黨內閣。這並不是說，日本藩閥內閣從此絕跡，正相反，藩閥內閣與政黨內閣更迭主政，在日本政治史延長了若干年。

第五節　明治維新的結果

走上資本主義之路

明治維新，使日本政治上展開了新的局面，在新的局面之下，把從前妨害資本主義發展的障礙，掃除了許多。明治政府採取猛烈的保護政策，促進已有萌芽的資本主義，走向『扶遙直上』之途。或設立製絲場，水泥製造所，活字製造場等模範工場，或派人參加外國的博覽會；或派工人到法蘭西等國學習技術；或輸入機械；或僱傭外國工人；或開辦從事工業教育的學校；或舉辦試驗場等等，企圖很快的趕上西方資本主義國家。在交通方面，則於一八七二年開始敷設東京橫濱間的鐵路，郵政制度也次第施行。在金融方面，則由明治政府發行所謂『太政官札』（一種紙幣），爲近代銀行之濫觴的『爲替會社』（匯兌公司）也設立了。同時，於一八七二年仿效美國的國立銀行制度而頒布國立銀行條例。總括一句話，日本侏儒在極短的時間內，居然依照歐洲資本主義的模型把自己改造過了。

劫掠中國以自肥

資本主義是必需國外市場與殖民地的。日本既走上資本主義之路，自然一定要步歐洲各資本主義國家的後塵，向外發展。可惜機緣不湊巧，在日本資本主義抬頭的時候，全世界的市場與殖民地早已分割完竣，剩下的只有中國這塊肥肉，所以日本向外發展的唯一對象，就是以劫掠中國爲主。於是中國便成爲日本資本主義發育的「溫床」了。琉球，台灣，澎湖羣島，高麗……陸續不斷的被『東洋鬼』的血口吞下去。甲午一戰，更是日本『出風頭』的大好機會，我們在馬關條約的鐵練之下，賠償軍費二萬萬兩，允許日本在我國各通商口岸，設立工廠從事製造。這個柔弱的小孩子（日本資本主義）靠喝我們的血液，把身體養得一天胖似一天。

練習問題

（一）明治維新的經濟基礎是什麼？

（二）明治維新與西歐資產階級革命有何異同？

（三）有些人說，日本政權的性質是地主與資本家同盟，是否與事實相合？

（四）日本維新成功，我國維新失敗，何故？

參考資料

(一)物觀日本史(神州國光社)

(二)日本歷史大綱(商務印書館)

(三)Mclaren,W.W.,A Political History of Japan During the Meiji Era (1867—1912)

(四)Fujisawa,R, the Recent Aims and Political Development of Japan.

第十章　帝國主義時代

第一節　帝國主義的特質

資本主義發展中的新時代

十九世紀之末及二十世紀之初，歐洲生產力大爲發展，已成了工業化。如果說一八四八年至一八七〇年間，是工業資本主義得着勝利的時代，則十九世紀末至二十世紀初之間就是資本主義發展中的一個新時代，卽帝國主義時代。

帝國主義之發展分爲兩個時期；第一時期是十九世紀末葉；第二時期自一九〇〇年起，至一九一四年世界大戰止。這兩個時期在資本主義的發展中，除了彼此共同之點以外，更各自有其特點。

帝國主義的特質

帝國主義的特質有五：（一）生產及資本的集中達到極高程度，產生壟斷的形式，這種形式對於經濟生活有絕大的影響；（二）銀行資本與工業資本混合，產生財政資本及財政資本的統治；（三）資本的輸出，占有特別重大的作用；（四）國際的壟斷組合瓜分了世界；（五）資本主義的列強之分割領土，已經完竣。

帝國主義是資本主義發展的最後階段，所以又含有三個特點：（一）專利的資本主義；（二）衰落的或寄生的資本主義；（三）死亡的資本主義。

第二節　十九世紀下半期歐洲經濟的發展

煤鐵生產的增加

帝國主義時代的生產力，發展得極快，從煤，鐵及其他重工業品生產的增加，可表示出來。

年份	石煤（單位十萬法噸）	生鐵（單位一千法噸）	熟鐵（單位一千法噸）

一八五〇年	八二六	一一五，〇〇〇	四，七五〇
一八七五年	二，八三〇	——	一四，一一九
一八八〇年	三，四四二	四三七，四一〇	——
一八九〇年	五，一四八	五九五，六〇一	四一，〇八五
一九〇〇年	九，四〇四	一，一七〇，九六三	五四，八〇四
一九一一年	一一，六五五	一，三九五，三六三	六四，八〇六

從上表看來，經過六十年間，煤的出產增加十四倍有奇，生鐵則增加十二倍，熟鐵則增加十三倍。

鐵路的發達

同時世界鐵路線長度也增加了三十七倍，詳見下表：

鐵路線長度增加表（以啓羅米突計算）

年份	一八五一年	一八七一年	一八九〇年	一九〇〇年	一九一〇年
歐洲	二三，五〇四	一〇四，九一四	二二三，八六四	二八三，五二五	三三三，八四八

美洲	一五，〇六四	九三，一三九	三三一，四一七	四〇二，一七一	五二六，三三二
亞洲	—	八，一八五	三三，七二四	六〇，三〇一	一〇一，九一六
非洲	—	一，七八五	九，三八六	二〇，一一四	三六，八五四
澳洲	—	一，七六五	一八，八八九	二四，〇一四	三一，〇一四
總數	三八，五七〇	二〇九，七八八	六一七，二八五	七九〇，一二五	一，〇三〇，六一四

技術的進步

歐洲生產力發展所以這樣迅速，是因爲有不斷的技術上發明與改良。汽機採用後的工業革命，及利用水力與汽油機的應用，實造成工業發展的基礎。因技術的改善及進步，而機器自身的生產也擴大了。十九世紀之末，生產技術發展到最高點（尤其是在生產過程的機器化的一方面），致使機器替代人工。許多新發明的機器及工具，把以前多數獨立的生產過程都聯合起來而且機器化了。生產技術的發展及機器的進步，都靠在新的鍊鋼生產方法上。自一八七八年托馬斯（Sidney G. Thomas）改良練鋼新法，可以直接在鐵苗中提出純鋼，使生產界開一新生面，鋼的價值減低幾倍，激進了鐵路輪船的建造，並發展了法國——特別是德國的鋼鐵工業。因此，十九世紀末至二十世紀初，工業的重心由紡織工業轉移於鋼鐵工業。這種過程，不但發生於新資本主義的國家，就是素以紡織工業著稱的英國也是如此。

在資本主義發展的道路上，走得最快的當推德國，除美國而外，比任何國家都要超過。一八八七年至一九一三年，德國所產的鋼，比鐵多四倍，而這個期間，鐵的生產也增加百分之一千三百五十。電氣方面，一八九一年全德國電氣工人有二萬六千，至一九一三年則增至二十五萬人。一八九一年，全德國電氣化的地方有三十五處，至一九一三年則增至一萬七千五百處，交通也非常進步，由一八七五年至一九一一年，乘客車輛的數目相差不多，但貨車數目則增加兩倍半。他如英國在一八九〇年至一九一一年，鋼鐵出產增加了一倍半，而法國則增加兩倍有奇。

從自由競爭到壟斷

隨着資本主義的非常發展，資本主義本身結構也發生重大的變化。十九世紀中葉，歐洲資本主義的根基，是在乎各企業間的自由競爭，也就是因爲自由競爭纔使資本主義的技術一天天的進步。結果，祇有最善適應，組織最完備的企業纔能繼續生存，資產階級的經濟學者，以爲企業間的自由競爭，是達到資本主義制度永遠發展及永遠改良的道路。殊不知自由競爭自有其一定的限度，一旦超過這個限度，便會走到相反的方面。

在各企業的競爭中，凡力量稍弱，沒有最完善的技術及最多量的勞動力的企業，不能自存。此種現象，產生了生產集中，就是把一種工業部門集中於比較少數企業家手裏。例如，德國在戰前百分之十的電氣工業的企業，其所據有電力及汽力占全部四分之三以上，而其他百分之九十的企業，所佔電力及汽力不過全部百分之七，這些少數的企業，彼此要訂定各種協約，規定共同的價格，及各自所出商品的數量和質量了。在德國的工業中，化學工業更有特別意義，他在世界市場上差不多是一個壟斷者，沒有別人能和他競爭。當一九〇五至一九〇八年時，德國化學工業已合併成兩大化學工廠，這兩大工廠就互相訂定其生產品的價格，數量，與質量。這樣，各企業間的競爭，往往由一個大資本主義的聯合——托辣斯（trust）——的壟斷取而代之。別的工業部門中，在德國和其他資本主義國家也有這個托辣斯與新狄加（Syndicate）的形成，托辣斯的統治，是帝國主義時代資本主義經濟特質之一。

銀行作用的變遷與其勢力的躍進

上述的現象——企業的廣大，及壟斷組織的形成，原來是由銀行資本對於工業的作用有了特別的變遷而引起的。從前銀行的作用就是借貸，給工業家以資本，使建設或改造工廠，由此得着相當利息。當時銀行並不干涉生產的管理，銀行與工業資本各自存在，不相侵犯。至十九世紀之末，銀行的金錢大大增加，大的銀行更設分行以圖擴充，不但吸收資本家的金錢，連農民，僱員，工人的小貯蓄也吸收起來。銀行既有大宗款項，不但借債給工業家，並且開始自己建設企業了。從銀行借款的企業所得的利潤，一定比他所應付給銀行的利息要來得多。所以銀行就不僅想獲得利息，並且想獲得工業的利潤，於是銀行便兼作了企業的主人翁。

銀行資本與工業資本混合，就叫做財政資本。上面說過德國化學工業壟斷了全世界，當歐戰時，法國因得不着德國化學品，於是巴黎銀行集合一些資本，以建設自己的化學工業，因此，法國化學工業的主人翁便不是單獨的個人，而是最大的一個銀行了。大銀行既排擠了小銀行，再加上工業的利潤，其入款更鉅。現在銀行的勢力及其影響，與十九世紀中葉或以前的銀行比較，不可同日而語了。所以帝國主義的時代，也稱為財政資本時代。

從自由貿易到保護政策

財政資本的統治，使各國經濟相互關係的性質發生變化。十九世紀中葉，特別是六十年代，歐洲各國都採用自由貿易制，就是各國都可以自由輸送自己的工業品到別的國家去，各國原有進出口的關稅，大半都取消了。

所以各國間商品生產及交易的競爭，與各個工業家相互的競爭完全是一樣。宣傳國際自由貿易，以英國爲最出力，英國之所以願意自由通商，其原因至爲簡單，在這個時期，英國已成爲一個「世界的工廠」，生產的發展超過各國。他不怕別人的競爭，且自由貿易於他最爲有利，因爲可以得着很多的市場，以銷行他的工業品。

但自七十年代起，全歐洲漸轉入保護政策，提高外貨的入口稅，使外國工業不能與本國競爭。一八七九年，保護關稅政策開始實行於德國，至八十年代，俄，奥，法，意，美，諸國也相繼實行。結果，歐洲就分成幾個互相爭鬥的民族資本。這些民族經濟的國際鬥爭，不但用提高外貨入口的關稅方法，並且也用增加本國貨出口的方法。出口貨增加之所以能夠實現，是因爲資本家在本國有托辣斯的壟斷，可提高自己所生產商品的價格，以剝削本國的消費者，由此剩下來的一部分商品，可以輸出國外廉價售賣，俾能用競爭方法得到新的市場，這郎是一般人所稱的傾銷(Dumping)。

資本發展突破國界

當然，擁護自由貿易的老國——英國——現在也想提高外貨入口的關稅了。一八九七年，英國殖民地大臣張伯倫(Chamberlain)提議，將美國及其殖民地聯合成一個經濟個體，其理由如下：英國的工業是很發展的，但缺乏食物與原料的供給，而這兩種東西，在殖民地中卻非常豐富，故英國與殖民地聯合，可建立一個最大的經濟獨立的强國「大英吉利」，如此，英國可以輸出製成的工業品給殖民地，而從殖民地輸入食物及原料。然而張伯倫的理想終不能實現，因殖民地內部的資本主義已經漸次發展，企圖脫離宗主國的政治的經濟的依賴。德國帝國主義也不弱於英國，大戰前天天夢想建立所謂「中歐洲」，以造成一個很大的經濟的聯合，包羅德，奧，保加利亞，塞爾維亞，土耳其諸國，這就是等於德帝國主義統治了由北海波羅的海以至波斯灣一片廣大土地。雖然這計劃始終沒有成功，但由這種計劃的本身，也可以證明資本主義的發展已經突破了國界。

第三節　帝國主義與殖民政策

新舊殖民政策之差異

說到現在帝國主義的殖民政策，必須注意這種殖民政策和十七十八世紀初葉的殖民政策是顯然不同的。十六世紀擁有大的殖民地的國家是西班牙與葡萄牙，十七世紀是荷蘭與英國，到了十八世紀，這個重要位置乃爲英法兩國所佔。君主獨裁及封建貴族，是舊殖民地的本體，無論那裏，祇要封建貴族有了武力，就要大大的擴張國家的領土。舊殖民地政策，其目的祇是掠奪當地的人民，在歐洲外的殖民地之上，用直接搶刼，奴役種種方法所獲的財富，歸到歐洲就變成資本。新的殖民政策，以爲奪取殖民地的任務，是要把這些殖民地變作銷貨的市場及原料的源泉，與移殖資本的地方。非洲大陸之分割，便是歐戰前殖民政策最好的例子。一八七六年，非洲祇有十分之一的土地屬於歐州，一九〇〇年又分割百分之八十，後來爲分割其餘百分之十的領土，曾幾次要激起世界大戰。

非洲的分割

爭奪非洲殖民地最厲害的是英國與法國。一八七〇年，英國買收蘇彝士（Suez）運河股票，（俄土戰爭，埃及總督因出兵援土，將蘇彝士運河股票十七萬六千張，以一億法郎賣與英國）佔有這條自地中海通印度洋的水路，這對於英國之保護印度領土是必要的。然僅僅佔有蘇彝士運河，還不能完全保證，所以英國帝國主義者更想奪取埃及，埃及之佔領，除了保障蘇彝士運河外，英國資本家又可以在那裏大種棉花。英國奪取埃及的企圖，引起一八八二年在阿拉比(Anabi)指導之下的全埃及暴動，英國費了不少的氣力纔把暴動壓服。按照一八八八年的運河條約，蘇彝士運河已宣佈爲永久中立地，但管蘇彝士運河的警察權，却在埃及手中，這樣使英國完全奪取埃及後，則戰爭發生時，可監督蘇彝士運河，甚至加以封鎖。同時法國也佔據突尼斯（Tunis）及其他許多西非洲的領土，想把西部埃及，和東蘇丹(Sudan)打通，一八九八年，法人佔領尼羅河上游的法紹達（Fashoda）一帶，英國無論如何不願意別人侵入埃及，所以拔去法人在該地所立的國旗，抗議法國這種行動，並威嚇法國，倘若不依英國的要求，便和法國斷絕外交關係。法國從此不再想佔取新地，祗求保有既得的領土。德國之奪取非洲殖民地，較英法爲晚。自一八八四年至一八九〇年間，獲得領地凡四大區（多哥蘭 Togoland 等地），先是德人經營非洲甚力，很使英國感到不安，屢謀將德國領地據爲己有。一八九〇年，英德二國又把東非洲領地重新分配，德國爲着要得到軍事上必要的耳郭蘭（Helrgoland）島，情願把些很好的地方讓給英國。此外，英國在南非洲也大有所獲，英人在那裏可自由行動，沒有他國與之競爭。一八八四年，英人組織了南非洲公司，進行侵略，當時除却荷蘭僑民蒲耳（Boer）人所建立的兩個小共和國外，南非洲所有土地都落在英人手裏。這兩個小共和國，就是脫蘭斯瓦爾（Transvaal）與奧倫治（Orange）。英國對於這兩小國常施壓迫，後來竟使這兩小國奮起對英宣戰，此種力量懸殊的戰爭，經過三年之久，（一八九九年至一九〇二年）英人始敗終勝，卒兼併了這兩個小共和國，一九一〇年，英國遂建設南非洲聯邦（South African Union）如同加拿大與澳洲一般。英國又想建築從海角殖民地（Cape Colony）直達開羅（Cairo）的鐵路，以貫通非洲領地，成爲一個經濟單位。但這種計劃若是實行，還得佔取德國殖民地之一部分，這裏就埋伏下英德衝突的根源。比利時自一八七六年就組織「國際非洲社」（African Association），以銳意經營剛果（Congo），一八八五年，卒合併該國。

亞洲的競爭

帝國主義者在亞洲的目標，不限於純粹的殖民地，還有半殖民地足供他們侵掠。半殖民地，就是文明很古的國家，如土耳其，波斯，及中國皆是。當十八世紀中葉，英法兩國都有根據地在印度，彼此不絕的發生衝突。其後法國想奪取暹羅，以爲英屬印度與法屬安南間的緩衝地。但英國早預防法國，故在一八八六年合併緬甸，這事成為英法長時間衝突的原因，直到一八九六年，英法兩國總劃分勢力範圍，規定邊界，但彼此在別處的衝突並不減輕。俄國自一八七九年起，力謀深入中央亞細亞，以備窺伺印度，大為英人所忌，便卽聲言不能忍受俄人之干涉阿富汗內政（阿富汗處英屬印度與俄屬中亞之間），兩個常起衝突，一八八七年，英俄締結條約，規定俄國與阿富汗邊界，減弱了俄國在阿富汗的勢力。但英俄因此而發生的衝突，終未得到解決。

窺伺中國與義和團暴動

其在遠東，則國際的政局更形複雜，中國是帝國主義者最合口味的魚肉，因此他們的利益就互相衝突起來。一八四二年，（清道光二十二年）英國佔據香港，以為侵略中國的根據地。此後各國就乘機而起，至一八九四年，亞洲帝國主義國家的日本也對中國實行侵略政策，中日之戰，卒割台灣及遼東半島，並賠款二百兆兩（後來俄德法使日本交還遼東，增償日本三十兆兩）。一八九七年，德國藉口兩個教士之被殺，强取膠洲灣，要求租借該地，及敷設鐵路開採礦山等權利。跟着俄國就借旅順大連，英國租借威海衛。俄國並於一八九六年得有建築中東路之權。此時在中國醞釀已久的排歐民族運動，一發而爲義和團暴動，一九〇〇年六月二十日，德國公使爲北京義和團所殺，並圍攻各國使館及天主教堂。八月，各國聯軍大掠北京，清帝及皇太后遁走西安，派李鴻章與各國媾和，償賠款四百五十兆兩。一九〇四年二月五日，日俄帝國主義者因在中國利益衝突，遂致宣戰，結果使俄國在遠東種種政策完全破壞，把遼東半島，旅順，朝鮮的權利讓於日本，並割讓庫頁島之南半部。這一次戰爭，俄國因艦隊覆滅，及陸軍之損折，就把强國的資格取消了。

這件事却促成了英俄協約，（一九〇六年）加緊了俄德的衝突。德

小亞細亞的角逐

帝國主義者明知英國是自己勁敵，但絕不停止其侵略亞洲土耳其的政策。德國欲建築巴格達（Bagdad）鐵路，（起於漢堡，經柏林，維也納，君士坦丁，直達波斯灣）終爲英國所阻，德國竭力想和英俄兩國締結協定，以完成這個

偉大工程，使德國資本家能開發小亞細亞的富源。然最困難的問題，就是怎樣從巴格達通到波斯灣問題，佔據科維特（Koweit）的英國，老早就在土耳其得到自巴格達至波斯灣的鐵路敷設權，想把巴格達鐵路最終的一段拿在自己手中。其後英國乘土耳其在一九一二年至一九一三年的危難（巴爾幹戰爭），强使土耳其答應巴格達鐵路的終點在巴索拉(Basra)，而巴索拉至科維特一段路線，由英國用自己的錢建築。

後起之秀的美國

美國是列强中實行帝國主義政策最晚的國家，他眼見殖民地都被老前輩帝國主義國家分割完了，於是採取一種比較溫柔的平和政策，避免與殖民地人民公然衝突及殘酷的壓迫。所以就在中國倡言「門戶開放」「不干涉中國內政」種種政策，實際上美帝國主義和英日及其他國家的帝國主義，都一樣是貪暴無饜的。

第四節　資本輸出與軍國主義

資本輸出

歐洲諸國把殖民地及半殖民地看做各種原料的發源地，及銷貨，投資的市場。自採行保護關稅政策之後，各國間運輸貨物發生障礙，而一個國內的市場，已經不能滿足那超過國家範圍的資本主義了。資本在國內既找不到很大利潤的地方，故以金錢的形式移到殖民地，在那裏建立許多殖民地的企業，如工廠鐵路等。試舉一個例來看，法國於一九一二年輸出的資本有三五〇萬法郎，其他各國輸出的外資也相差不遠。當十九世紀之末和二十世紀之初，這種資本的輸出，是最新帝國主義時代的產物。資本輸出在列强的政策上有極大作用，爲着爭奪民族投資地而常常引起戰爭，這是國際政治上一個很重要的原素。

軍國主義之由來

帝國主義時代，殖民地政策既迅速發展，自然就需要强有力的政府以保護殖民地，同時也保護本國十九世紀最後二十五年間及二十世紀初期，各國武裝的力量力求增加，就是這個緣故，所以跟着帝國主義發展而來的，便是他的同伴——軍國主義。

各國擴大軍備

普法戰爭後，法國無時不抱復仇之念，早已傾心於軍國主義。又因爲要彌補亞爾薩斯，洛林兩州的損失，便跳進世界冒險事業的政治旋渦中，以和英國競爭，但是這些企圖，非有强大的海陸軍力，不能成功，所以在八十年代開始，就改組陸軍。據一九一四年三月十四日的法令，法國陸軍應有七六九，〇〇〇人，與一八七二年的三七八，八〇二人比較起來，已增加兩倍之多，若再加上殖民地的軍隊，（由各該殖民地土人組成的，也有數萬人）更不止此數。因海陸軍備的擴充，國家費用也大爲增加，一九一〇年，法國軍費占國家預算全部的百分之三十二，大戰開始時更增至百分之三十八。英國軍費比法國增加更速，一八九七年，英國軍費占全部預算案的百分之三十九，而一九〇九年則增加到百分之四十二。倘若用絕對的數量計算，則美國軍費於一八八五年至一九一一年，竟增加了兩倍半。德國對於這方面也是不甘落後的，少年德國資本主義，走上世界市場較人爲晚，當然要仗着武力以求銳進，於是海陸軍備都大加擴張。一八九七年——一九八年，德國開始他那軍艦大建造的計劃，至一九〇〇年這計劃已擴大兩倍。自一八八一年至一九一〇年，德國軍費從五，六〇〇，〇〇〇，〇〇〇法郎增至一一，七〇〇，〇〇〇，〇〇〇法郎，卽是增加了兩倍有奇。

鋼鐵主義與軍國主義的關係

軍國主義固與帝國主義有密切關係，然軍國主義的發展，不但爲國家的侵略政策所決定，而金屬工業，煤，特別是鋼鐵，也占重要的地位。鋼鐵是軍國主義的營養品，戰爭及軍隊之給養，於鋼鐵工業的發展最爲有利。英法德的軍械廠，簡直不知有國家界限，在他們看來，武裝祖國，與武裝其他國家，並沒有什麼分別。

第五節　三國同盟與三國協約

十九世紀末二十世紀初，歐洲經濟的發展，使德國變成最強大的資本主義國家之一，而法國却一天天退於二等國的地位，這因爲他的經濟發展緩慢，人口增加率停頓，及軍費過重所致。於是歐洲各國之居世界舞台中心者，一方面是老年的殖民國——英國，一方面是少年資本主義的德國。這兩個國家的利益，在任何地方都發生衝突，因此，他們各自開始聯合各國以準備互相鬥爭；兩國的備戰，成爲歐洲最重要的事情，至帝國主義的國家也就分成兩派。

英德備戰

一八七九年，德奧開始聯盟。至一八八二年再加入意大利，（意大利因非洲殖民地的利害關係，和法國衝突，故與德國聯合）這就是近世有名的「三國同盟」。另一方面也產生英法俄「三國協約」。自一七八九年法蘭西大革命以來，英法已成世仇，普法戰爭後，法國實行殖民地政策，與英國常起衝突，幾至破裂，但從一九〇一年起，兩國開始接近，一九〇四年，因劃分非洲勢力範圍，英法常締結祕密協約，根據這個協約，英在埃及，法在摩洛哥（Mor-

三國同盟與三國協約

occo)，皆可以自由行動，兩國糾紛遂得解決。至於英俄二國，其始爲土耳其問題，及在波斯，阿富汗，與中國的利害衝突，也有不好的關係。後來因在亞洲勢力範圍已分配，就改變了。日俄戰爭後，英國之視俄國，沒有從前那樣可怕，一九〇七年，俄國也就加入英法的「友誼的協約」，造成第二個帝國主義國家的聯合。

第六節　一九一四年大戰的必然性

大戰的先導

從上面所述兩大帝國主義國家的同盟與協約的事實，就可看出這次大戰祇是英法的重工業反對德國的重工業的戰爭，所有歐洲外交家重工業的代表者與軍事專家的努力，總是要把歐洲推進歷史上從來未有的慘酷命運之中。在這兩大帝國主義國家營壘間作決死戰之先，曾有許多二等國家間的小衝突，（這些小國背後，各自站着他們帝國主義的保護者）而尤以一九一二——一三年的巴爾幹（Palkan）半島各國的戰爭最爲顯著。這就是一九一四年世界大戰的先導，也可以說是一種事前的嘗試。

大戰的意義

所以隨着那些衝突而來的世界戰爭，並不是什麼可惡的意外，也不是某一個歐洲國家的錯誤，而完全是歐洲歷史在一定時期內必然產生的結果。閉塞在國家內的歐洲資本主義，原想從併吞其弱小的鄰居的過程中，以拔求出路，而結果卻找到戰爭。他們以爲祇要戰爭獲得全勝之後，便可實現帝國主義的理想，可是這一點卽使在最强大的帝國主義的國家，也是難以達到的。這次世界大戰，分明表露出資本主義衰落的過程，指示資本主義關係破滅。

練習問題

（一）帝國主義的特質是什麼？試舉事實說明之。

（二）帝國主義何以需要殖民地？

（三）軍國主義何以成爲帝國主義不可缺少的同伴？

（四）試述帝國主義發展不平衡與大戰必然性的關係。

參考資料

（一）歐洲近百年革命運動史第三第四兩章（亞東圖書館）。

（二）Lenin Imperialism

（三）Bucharin: Imperialism and Wored Economy

第十一章　俄羅斯一九〇五年的革命與立憲運動

第一節　一九〇五年的革命

日俄戰爭引起國內騷動

一九〇四——五年的日俄戰爭，促成俄國改革運動的機運。俄政府之所以急於停戰講和而接受玻茲瑪斯（Portsmouth）和約，一方面固然由於戰敗，而另一主要原因，則爲國內的革命運動發生，沙皇政府全部構造大有傾覆之勢。羅曼諾夫（Romanoff）皇室依武力，依偵探制度，依專橫的逮捕，祕密的審訊及向西伯利亞方面的流放，等等恐怖手段以擁護之制度，惟在俄國平和無事之時始能維持，今則政府對遠東的戰爭，既因師出無名，不能引起一般民衆的愛國熱，而又以戰事消耗民衆的金錢生命，增加社會秩序的不安；加之戰時行政暴露官僚的腐化與無能，更引起民衆輕視政府之心及推翻現狀之念，如果俄軍能獲一大戰勝，容或可以維持政府的威權，鎮壓內部的反側。然而一旦海陸之敗報頻來，民情劇變，都市工人中之急進分子與鄉村之急進的農民乃至上流階級之自由主義派，以及一切受壓制的異族或異教人民，——波蘭人，芬蘭人猶太人等——皆起而攻擊統治者，政府雖謀抵抗而勢不得不手忙脚亂起來。

暗殺與紅星期日

在一九〇四年七月，俄國素以善於壓制著名的重臣——普芮夫(Plehve)慘死於革命黨炸彈之下，次年二月，俄皇的叔父有名的反動首領沙吉大公(Grand Duke Serge)在莫斯科被暗殺；以後重要官吏之遭暗殺，亦成爲家常便飯。在各大都市中，工人總能工，當戰事緊急的關頭，總能工足以使政府破胆。在鄉村中，則狂怒的農民起而驅逐貴族地主，焚其屋宇，分其土地，正如一世紀以前法蘭西的農人一樣，國內有些地方，鐵路難於運轉；在波蘭及高加索地方，則有武裝的暴動發生，調派軍隊前往方能打平。一九〇五年一月二十二日聖彼得堡一羣罷工的工人受一教士的領導，遊行向俄皇提出請願書，途中遭軍隊射擊，發生流血慘案，死傷十餘人，以此引起全國的激昂。而發生慘案日期的，取得（紅星期日）(Red Sunday) 之名稱，在俄羅斯歷史上留下悲慘的紀念。

第二節　革命失敗後的立憲運動

沙皇政府的讓步

在此全國騷動的危機中，上流階級的自由主義者，亦起而要求改革；實則在一九〇四年十一月，地方議會之重要人物已經依非公式的集會，向俄皇請願改革政治制度，而提議保障個人自由，擴張地方自治，樹立國民代表議會，俄皇最初於一九〇四年十二月只應允少數不關重要的改革，及見革命運動氣勢增長，乃漸漸表示讓步。下令容許異教，允許使用波蘭語言，寬待猶太人；芬蘭的憲法恢復，俄羅斯農人的欠租取消。對於召集國民議會之要求，俄皇亦卒不能漠視。他於一九〇五年八月，頒布一憲法，規定設立一帝國國會

(Imperial Duma)以協贊立法，隨後他免黜反動派的諸大臣，而召財政專家威特(Witte)爲俄帝國新制度下的第一任首相；同年十月三十日發布其有名的改革宣言。所謂「十月宣言」(The October wanifesto)包含言論，信敎，結社自由之保障；設立民選的國會，確定國會對立法之協贊權。一九〇五年十二月頒布勅令，實際賦予普通選舉，一九〇六年三月又下勅令，規定兩院制的國民立法機關，將「國會」(Duma)作爲下院；而將舊日的「參政院」Council of State變成上院，冠以「帝國參議會」(Council of the Empire)之名稱，其議員半數由皇帝任命，半數由指定的特權階級依間接的方法選舉。

十月黨與立憲民主黨

一九〇五年的改革，使俄國入於十九世紀立憲國家之列。然而此等改革，實在政府危難時期產生出來，官僚及多數上流階級自始卽反對。而急進黨人則尙覺他們的目的還未達到，將圖謀更重要的根本改革。自由黨人分爲兩派。保守的一派，稱爲「十月黨」「The Octoberists」者，主代表地方議會勢力，接受所謂（十月宣言）的綱領，認爲滿足；他們贊成以國會限制獨裁權力，而不贊成以國會完全代替獨裁政治，其中比較開明的一派，稱爲（立憲民主黨）（Constitutional Democrats 簡稱爲 Cadets）者，則不滿意俄皇下的勅令，要求第一次國會制定一種憲法，給予俄國以完全民主的議會，此項議會應具有最高立法權而能完全支配君主及國務大臣；質言之，卽要求一個立憲的議會政治，類似英法式之政治。

舊勢力活動下之反動政局

及至一九〇六年，政治形勢又呈逆轉之象。革命潮流似乎已消耗其主力，而漸次低落，改革運動的各派內部已漸分化，而缺乏行動的一致。且一九〇五日九月十五日日俄和約成立之後，長期的戰爭結束，俄政府旣除去對外的困難，在內又可移其兵力以鎭壓反對黨，反對改革的貴族，大地主及其他反動派人士，隨卽聯合起來（他們組成（全俄人民同盟）（Union of the Russian People），公然擁護舊制；他們依武裝的徒黨，所謂（黑殺隊）（Black

Band of Black Hundles）者，開始攻擊急進黨人，而謀推翻以前的改革，在此種情勢之下俄皇亦樂得從一九〇五年採定之立憲軌道漸開倒車。俄皇開始削除賦予國會之權力，在一九〇六年三月之勅令中，他聲明帝國的根本法不在國會權限內；宣布陸軍，海軍及外交政策完全屬於皇帝的大權；承認國務大臣在國會閉會中有發布臨時法規之權；保留借債之權於財政大臣；而且規定如値國會不通過預算案，政府得適用上年度的預算，最後，俄皇於一九〇六年四月能免開明的威特，而任命一守舊的戈芮米金（Goremikyin）繼任首相，依上項勅令削除之結果，國會的權力已經很小，然而憑此權力很小之國會，亦不能終其職。第一次國會於一九〇六年五月集會；它不能監督政府，而於兩日間苦鬥之後，在七月中被解散，俄國的憲政，自始卽受統治階級的摧殘。

第三節　從第一屆國會到第四屆國會

俄國的政治，仍直是君主保有大權，官僚秉政而已。不過假設俄皇及其他統治階級，有誠意維持既存的改革，徐圖改善，俄國的立憲政治，容或可以漸次演進，無如俄皇并此假立憲局面亦無誠意實行，繼續維持反動政策，其結果演成國會與政府的衝突，而溫和的立憲失敗。

第一屆國會與政府的衝突

第一屆國會於一九〇六年五月十日集會，此屆國會的組成分子，從敎派上說，則屬於希臘敎者約居百分之八十，屬於羅馬舊敎者居百分之十四，而屬於新敎及回敎者只占三分，屬於猶太敎者占二分餘。從社會階級上說，農民居全數百分之四十八，貴族居百分之三十六，中等階級居少數，農民在國會中人數之多，爲一極可注意之事。政府官僚原以爲文盲而好迷信的農民，可恃爲人民中保守的擁護君主獨裁政治分子，而事實與他們的預期相反。以多年受貧苦的壓迫及稅吏與警察的誅求，農人已漸對於政府抱怨，而在國會中並不尊重皇帝權力。從黨派色彩上說，自由主義的「立憲民主派」（議員數一五三）及主張土地改革之社會黨（議員一〇七）占多數。擁護政府之保守黨居少數。第一屆國會在立憲民主黨領導之下，對於政府開始反對；他們要求責任內閣，主張徵收大地主的土地分給農民，國會方議決徵收土地之案，政府突然宣布解散國會以對待之（一九〇六年七月二十一日）。立憲民主黨大部分不肯承認政府解散國會，移往芬蘭開會，對國民發表宣言，檄令人民拒絕納稅及服兵役。但此項舉動在國內不發生大反響，而參加者受嚴重處罰，被剝奪選舉權。

第二屆國會與政府的衝突

第二屆國會的選舉，依第一屆選舉方法，於一九〇七年舉行；雖以政府的干涉選舉，反對黨仍能在國會中占多數。不過立憲民主黨因為在第一屆國會解散後受政府的打擊，在新國會中議員數大減（不滿百人）；而代表工人階級的社會民主工黨在第一屆國會選舉時拒絕參加，此次則參加選舉。其結果則兩個社會黨爭得多數議席，而第二屆國會較之第一屆國會更為急進的，但新加入者之中亦有更堅決的反動分子。第二屆國會於一九〇七年三月五日開會，國會的多數與政府仍是相持不下。國會要求沒收大地主的土地及保障責任政府，而不以新首相斯脫芮賓（Staly Pine）於一九〇六年七月繼任首相者）之提議改革農村公社（Mir）爲滿足，尤其社會民主黨，攻擊政府最猛烈。政府爲消除反對分子起見，要求國會對於有謀叛嫌疑之社會黨議員五十五人撤消議員特權，許政府拘捕，國會拒絕此項要求，於是俄皇又下令解散第二屆國會（一九〇七年六月十六日）；此屆國會的壽命不滿百日。

政府改革選舉法

然而此次事變，其效果尙不止於議會之改選，且根本涉及制度的變更，俄皇雖然預備召集第三屆國會，但爲在下屆國會造出政府黨多數計，乃以一道命令，更改選舉法；此則違反一九〇五年之根本法，侵犯國會立法權，質言之，卽爲違憲的行爲，所以有一俄國的著作家說；一九〇五年十月日本給俄人的憲法，在一九〇七年六月，此憲法被俄皇撤消，六月十六日發布的新選舉法，目的在選出一順從政府，甘爲官僚的工具之國會。此選舉法包含兩個大原則：（一）務減少非俄羅斯的及非希臘教的分子至於最少限度；（二）增加大地主之代表，而減少都市住民，工人農人的代表。爲實現第一個原則，中央亞細亞諸省的代表完全撤消；波蘭高加索及西伯利亞諸地域之代表員額則大減削（由八九員減至三九員）；而第二個原則，則以一極複雜而不平等的階級代表之方法以實現之。

第三屆國會成爲政府的附屬品

新選舉法實施後，適如俄皇及其大臣所期望的。第三屆國會於一九〇七年十月選出，其結果特權階級制勝，新國會分子，包含二二〇個貴族，四六個僧侶，四二個商人，九四個農人或工人。多數屬於政府黨（十月黨及保守黨）；而反對黨降爲少數，立憲民主黨減至五四員。國會的多數安於現狀，自認國會爲一種諮議機關，不積極反抗政府，因之得安然終其五年的法定任期（一九一二年六月）。在此時期中，政府提出許多法案，容易通過，（一九〇六年的農村改革令亦被追認）而軍備擴張的經費，亦於此時大增加；大斯拉夫主義運動，又依國會之贊助而增長聲勢。在反對方面，立憲民主黨人數已大減，雖然仍受有名的蜜里可夫(Miliukov)教授的領導，却已改採溫和的態度。惟有少數的社會民主工黨尚繼續公然反對政府，但力量甚微，所以俄國名雖立憲，而皇帝及官僚可以自由執行其反動政策。

第四屆國會與第三屆國會之差別

第四屆國會於一九一二年平和的空氣中選出，其政治色彩與第三屆國會無大差異，不過自由黨分子稍有增加耳。中央之（十月黨）在國會中有舉足輕重之勢；他們與左方各黨連合，選出「十月黨」之領袖那全珂(Radzianko)爲議長，而此新議長公然演說，主張依一九〇五年十月之宣言，實行代議的立憲政治，實爲大可注意之。事實則俄國自第三屆國會以來，國會成爲政府的工具，立憲徒有其名，然有此民選的議會的存在，究竟供給了人民代表一個論壇，使他們可以公然發表意見，喚起國民對於政治弊惡的注意。

總之：從第一屆國會到第四屆國會，是俄羅斯虛僞的憲政時期，統治階級受了一九〇五年革命的恐怖，故採用這種粉飾太平欺騙民衆的手段，以挽救垂危的命運。果然把羅曼諾夫皇室的殘喘，一直維持到一九一七年。

練習問題

（一）日俄戰爭與一九五〇年的革命有何關係？

（二）一九〇五年革命失敗的原因何在？

（三）斯托芮賓的改革有何意義？

（四）估計俄國立憲運動的成績。

參考資料

（一）近代歐洲政治史第六章『商務印書館』

（二）俄羅斯革命史（商務印書館）

（三）Guest; The New Russia

（四）Alexinsky; Modern Russia

第十二章　一九一四——一八年的世界大戰

第一節　世界大戰的前後

大戰是歷史的必然

一九一四年七月，世界大戰開始；其經過的猛烈，雖然不是絕後，卻可算得空前。一般人在這次戰事發生後，目覩各方軍隊人數的衆多，所用殺人利器的惡毒，以及其影響於世界的重大，大抵交相駭詫，以爲是出人意料之外。實則此次世界大戰，決不是偶然的；國際帝國主義發展至某一階段，由衝突而開戰，本是歷史的必然。茲當敍述世界大戰之先，特將大戰前夜的國際形勢，撮要分述如次。

利害衝突與軍備競爭

世界大戰爆發以前，歐洲列強之間原有許多衝突；法國與德國，因爲亞爾沙斯羅倫兩洲的割讓，積怨甚深；俄國與奧國，因爲在巴爾幹半島的利害不一致，敵視日顯；而尤其重要的，則是德意志帝國的世界的政策，挑起了大英帝國不共戴天的妬忌。彼此積不相能，軍備競爭遂起。一方有俄法德奧意的極力擴張陸軍，同時又有英國與德國在作海軍的比賽。據專家統計，在大戰之初，英法俄德奧意六國海陸軍現役人數，共達四百二十五萬人，每年軍費在三十六萬萬元左右，占她們全收入的百分之三十。暗鬥之劇，可以想見。

國際和平運動

在軍備競爭當中，他方面有起而對抗之者，是卽國際和平運動，自十九世紀後半期以來，民主勢力漸形發達，對於日增不已的軍備負擔，到處有抗議之聲。一時國際主義，人道主義，漸影響於世界的輿論，使各國承認有相約減縮軍備，及和平處決爭議的必要。最後一八九九年五月，俄皇尼古拉鑒於時勢，發起國際會議於荷蘭的海牙(Hague)，以討論裁減軍備問題，是第一次海牙會議。在會議中，俄國提議五年以內不增加軍隊或軍事預算，而以德代表的反對歸於打消，結果僅得通過一項希望限制軍費的空洞決議案。不過在他方面，海牙會議立有陸戰規例，稍減戰禍痛苦，並創立一常設仲裁法庭，以為處理國際爭議的機關，乃屬差強人意之事。後至一九〇六年四月，俄皇再度發起國際會議，以一九〇七年五月集會於海牙，是為第二次海牙會議。在此次會議中，雖然成就有改良戰爭法規，擴充國際爭議平和解決方法，及創立國際捕獲審檢所等立法事業，然而對於軍備減縮運動的決議，則其失敗仍與第一次同。帝國主義政府所謂國際和平，原不過裝裝幌子而已。

英國妥協運動

在一九〇七年海牙會議以後，英德競爭日烈，各竭全力從事海軍擴充計劃。在此等激烈的競爭當中，雙方亦曾有過妥協的企圖。一九一二年二月，英國派特使赴柏林，與德國磋商彼此妥協條件。德政府提議英德締一彼此不相攻擊之約，而在一方與第三國開戰時，締約國的他方須守友誼的中立。英國對此，不肯承受無條件的中立義務，而表示祇在德國出於「非挑撥的攻擊」時始承受之，英國附此條件，德國不能滿足。此次妥協運動，遂無結果而罷。後至一九一三年三月，英國海軍大臣對於英國海軍政策發表鄭重的宣言，以期中止英德兩國海軍的競爭。他說，如在任何一年，德國海軍造艦計劃減縮或取消，英國計劃亦當自動的減縮或取消。如是，則德國可減遲造艦速率，減少海軍經費，至其海軍勢力與英國勢力的比例，仍至如故。不意德國對此，竟爾置之不理。這種妥協運動本是無誠意的，無非藉此欺騙人民，把戰爭責任卸在他國身上。

近東危機與戰爭準備

在武裝和平的局面下，列强之間關係日惡。世界大戰隨時皆有爆發的可能，而近東的危機更有以促成之。自一九一三年第二次巴爾幹戰爭結束，國際政局發生重大的變化。親俄的塞爾維亞日益强大，大斯拉夫主義的勢力同時高漲起來，此不僅破壞了奧大利在巴爾幹半島的優勢，而且於德意志的東進政策，於德意志的巴格達鐵路計劃，給以根本的障礙。一九一三年，許多德國人宣言，如果德國欲免於俄國及大斯拉夫主義侵逼的危險，惟有忍受犧牲，大增軍備。德國議會隨卽通過巨額的非常經費，以爲擴充軍備之用；陸軍常備兵額，新增十七萬人。德國此種行動，引起了法俄兩國的反響，法國於同年間，由白利安(Briand)內閣提出三年兵役案，而繼任的巴道(Barthou)內閣隨卽執行之，俄國於一九一四年春季，由國會通過巨額的軍費，每年徵兵新增十三萬五千人。各國這樣決心備戰，只待稍有變動，卽當正式動員。

第二節　如火燎原的大戰

塞拉耶孚事件

一九一四年，奧國皇嗣被刺，爲此次世界大戰的導火線；被刺的地點在塞拉耶孚(Serajevo)，後卽稱爲塞拉耶孚事件。奧國皇嗣斐迪南(Francis Ferdinand)，爲奧皇約瑟夫(Francis Joseph)之姪；約瑟夫年已老邁，國事多委斐迪南代行。斐迪南年富力强，野心方盛，一面革新軍政，一面結托德皇，侵略成績，亦頗不惡。一九〇八年奧國合併波黑西州，樹立在巴爾幹半島的優勢，便是他的得意之作。塞爾維亞人以其妨礙本身發展，對之懷恨甚深。一九一四年六月，斐迪南赴波斯尼亞首府塞拉耶孚閱兵，不意即於是月二十八日為一塞籍青年布林齊普（Prinzip）所襲，連發三槍，兩中要害，斐迪南及其妃先後斃命，斐迪南死耗傳達奧都，維也納政府憤激萬狀，而訊問兇手的結果，塞爾維亞政府處於重大嫌疑地位，一時形勢愈趨嚴重。奧政府的大多數，決計利用這個機會，以行使其久已準備了的一舉而滅塞爾維亞的政策。奧皇約瑟夫本人，致書於德皇懇求援助：他說，塞拉耶孚事件，為俄羅斯及塞爾維亞的大斯拉夫主義者運動的結果，他們唯一的目的，在破壞奧匈帝國而減弱三國同盟的實力。德皇於七月五日接到此書，當即表示德國願以全力助之，而勸奧大利對塞爾維亞從速動作。事勢至此，戰爭遂不可避免了。

奧塞宣戰

維也納政府接到柏林政府表示援助的回答以後，即於七月七日及十九日兩開御前會議，決定提出極端要求，務使塞爾維亞不能承認。七月二十三日，奧大利對塞爾維亞提出最後通牒，包含要求條件十項，限定四十八小時內答覆。在最後通牒中，其主要的條款如次：（一）塞爾維亞政府當禁止一切登載排奧言論，與危害奧國安全的出版物。（二）解散大塞爾維亞主義者組織的團體（Narodna Odbrana）；此後如有同性質的團體發生，塞政府當一律禁止之。（三）從學校中，屏除一切養成排奧宣傳運動的敎育。（四）凡有參加排奧運動嫌疑的官吏，一律免職，並許由奧大利隨時指出此等官吏的姓名。（五）塞爾維亞對於調查禁制排奧陰謀的處理，承認奧政府派員參加。（六）關於塞拉耶爭的暗殺事件，塞爾維亞承認奧政府派員參與司法的檢舉。以上所述，要求苛刻，而以後兩條爲尤甚。英國外務大臣葛累（Grey）讀此通牒時，卽宣稱對一獨立國家提出的文件，他從未見過有如此的予人難堪者。但塞爾維亞爲委曲求全計，究竟大致承諾，僅對最後兩條附有保留而已。在七月二十五日的覆牒中，塞政府說，塞爾維亞祇能在適合國際法原則，刑事訴訟法規，以及善鄰關係的限度內，承認奧國派員參加禁止排奧運動的處理，至關於處理暗殺事件的司法程序，則奧國的參加爲不可能，不過塞爾維亞允將審問結果，通知奧國官吏。塞爾維亞覆牒送達奧國駐塞公使後，奧使基於維也納政府主戰的預定，僅以四十分鐘短時間的審查，即宣告不滿足，繼則下旗歸國，表示外交關係的決裂。七月二十八日，奧國對塞正式宣戰；世界大戰的第一朵火花，終於是開始爆發了。

俄奧宣戰

在最後通牒送交塞國的翌日，奧國曾將全文錄告各國，並於其後附識一語，謝絕各國調停，質言之，即不願各國有援助塞爾維亞的舉動。同日，德政府亦致各國一長牒，謂此事宜聽奧塞兩國自行解決：否則列强各有同盟的協約的關係，一旦牽動起來，前途不堪設想。但在各國政府，豈是德奧一手所能控制！協約國方面，起而反對同盟國的行動，是可以逆料的，而以俄國尤爲急切。在當時，奧國固決計打倒塞爾維亞，而俄國亦決計以實力援助之，在七月二十八日奧塞宣戰的消息到達聖彼得堡後，俄政府即於二十九日在與奧接壤的三軍區下動員令，三十一日，雙方下總動員令，八月六日，奧俄宣戰。

德俄宣戰

當奧塞尚未正式宣戰之先，英國外務大臣葛累曾兩度從事於和平運動，提議由英德法意四國。出任調停，但均為德人所婉拒。在德人的說辭，以為按照國際仲裁慣例，須由當事國自行聲請，今既未請，何須多事？於是英國提議，遂被擱置。七月三十日，俄國對德奧兩方面下總動員令，德亦實際動員了。但於同日夜半，向俄政府提出最後通牒，限令於十二小時內解除總動員令；八月一日，德政府於預定時間內未得俄國答覆，正式對俄宣戰，德國既經發動，和平乃眞絕望了。

德法宣戰

一八九三年以來，俄法即有同盟關係，而其共同的目標為德意志，現在俄德關係既然破裂，法國自然不能避免戰爭。七月三十一日德國動員，係在國境的東西兩方同時舉行；法國為防危險計，亦於八月一日下動員令，八月二日，德軍侵入法境；三日，德法宣戰，歐洲大陸遂全為戰雲所籠罩了。

德英宣戰

對俄對法的戰事，原在德國預定計劃之內，但對英的戰事，則德國確欲設法避免之，德國繼續發展其世界政策，對英戰事固然終有發生之日，但德國希望此事不發生在她打倒俄國之前，因爲她是不利於同時與一切協約國開戰的。所以在奧塞衝突開始時，德國曾努力從事於約英國守中立。不過英國根本不兩立，英政府豈不明白？英法俄同爲三國協約分子，德旣攻擊俄法，英政府豈容旁觀？因此，德國中立提議，不爲英國所容納。八月四日，倫敦接到德軍破壞比利時中立的報告，英國對德，更有口實。四日夜半，英德遂入於交戰的狀態。

於是奧塞兩國的衝突，卒釀成各帝國主義的大戰。

意大利背盟中立

二十世紀初期的歐洲形勢，本爲三國同盟與三國協約對峙之局；現在除德奧英法俄五國均已捲入戰事漩渦如上所述外，還剩下一個意大利，她的態度是怎樣呢？論名分，意大利是三國同盟之一員，似應起來攻擊協約各國，但事實上，她卻不肯幫助德奧一致動作。這種情形，初看似覺奇怪，實則亦極自然。因爲意大利對於三國同盟，原是比較不積極，不堅固的分子，自一九〇二年以後，她與英法亦多協定關係。同時在他方面，意德之間，感情倘好，意奧關係，卻很不佳；意大利對於她所謂「未恢復的意大利」的願望，及其支配亞得里亞海（Adriatic Sea）的野心，均非犧牲奧大利的利益不能實現。此時爲羅馬政府計，最妙者固莫如由同盟而中立，由中立而反攻，一步一步地變化下去，於是八月三日，意大利正式宣布中立。

全世界捲入戰爭旋渦

一九一四年的戰事，號稱世界大戰，論其區域的廣泛，參加的衆多，亦誠名副其實。是年八月二十三日，日本藉着英日同盟的名義對德宣戰，攻擊德國在遠東的根據地而佔有之。同年十一月，土耳其因爲少年黨人親德的關係，加入德奧同盟，對協約國作戰。一九一五年五月二十三日，意大利基於歷年的願望，及與英法的祕密協定，改變中立態度，正式對奧宣戰。同年十月，保加利亞不忘第二次巴爾幹戰爭的屈辱，決與德奧一致動作，起而攻擊塞爾維亞。一九一六年八月，羅馬尼亞熱中於領土的擴張，加入協約團體，攻擊奧國。至一九一七年四月六日，則最重要的中立者北美合衆國亦復對德宣戰；同年八月十四日，中國又有對德宣戰之舉。此外，更有加入戰爭的小國，由是歐洲帝國主義的爭鬥，爆發爲世界的空前大戰爭。

第三節　大戰的經過與結局

德國最初作戰計劃失敗

在大戰發生後，第一步勝利屬於德意志。因爲在軍事上，德國比較協約國兩層便利：其一是她的準備完成，行動敏捷；其二是她的位置適宜，居中策應，可收指臂之效。不過德國利於速戰，而最忌的是曠日持久；因爲她的資力有限，而協約方面則甚充足，若任其繼續發展出來，於德國殊爲危險。因此德國必假道比利時進兵，即令破壞中立，授英國以加入戰爭的口實，亦所不惜。不過事實上，亦有不盡如德國所預想者：比法抵抗的頑强，出乎德國意料之外；英國赴法的援兵，源源而至，西戰場的阻力更大；加以俄在東戰場的大舉攻擊，究竟牽制德國兵力不少。於是德國最初作戰計劃，預算在西戰場迅速打倒法國，然後以全力掃蕩聖彼得堡與莫斯科者，乃未能達到目的，而戰局竟延長下法。

協約國收戰勝之果

自一九一四年八月德國與協約國開戰，至一九一八年春季德國大攻擊的開始，四五年間，雙方互有勝負，戰局不能決定。德國陸軍多能制勝，但海軍被封鎖在港內，不能有大規模的發展，而由協約國支配海上。德國在歐洲大陸佔優勢，而在其他世界各地的勢力則落於協約國之手，德國在軍事上足以自負，而經濟上則包含着種種的危機。及至一九一七年四月，美國亦起而反對德國，加入戰爭，則局面爲之大變，德國最後勝利的希望，已日覺其渺茫。雖則在一九一七年之末，俄國發生大革命，旋即與德議和，東戰場已不如前此之費力，然而德國連年苦戰，元氣大傷，經濟的壓迫與民衆的不安，實使德國有不能繼續支持之勢。一九一八年春季的大攻擊，在德國正可說是孤注一擲，將以此打開一條生路，急切求一較好的結果；而不料此最後的猛烈攻擊，亦卒未能達到目的。隨後七月十八日，協約方面的聯軍開始反攻，德國軍隊從此節節挫敗，識者已知德國完全陷於失望的地位，大戰結束當不在遠。德既敗退，其他同盟方面的軍隊，自然更難支持。九月末，保加利亞遇着英法聯軍從希臘方面進擊，首先停戰投降。十月末，土耳其爲保加利亞的事變所牽動，亦卽隨後降服。保土兩國既然失敗，德奧兩國支配巴爾幹，侵擾近東中東方面的政策，爲之完全破壞；而且奧大利的側面，亦因此頓感空虛，其都城維也納隨卽有被協約軍隊侵逼的危險，於是奧大利祇得迫而投降，於十一月四日退出戰事關係。到了此時，同盟方面次第棄甲曳兵而走，戰場上僅有一個德國，僅有一個神疲力竭的德國在那裏應戰了。雖以極自負的德國軍政首領，亦不得不自認失敗；而國內人民的騷動，一部兵士的抗命，更早在十月下旬卽已開始。其結果，德國於十一月十一日與協約國正式停戰，空前戰禍，卽於是日全部告終。

練習問題

（一）試從政治經濟各方面說明世界大戰的必然性。

（二）大戰前夜的和平運動有何意義？

（三）德奧失敗是否是公理戰勝？

（四）負担戰爭中的損失者是那些人？

參考資料

（一）近代歐洲政治史第六章（商務印書館）

（二）歐洲近百年革命運動史第四章（亞東圖書館）

（三）世界大戰全史（商務印書館）

（四）Hayes: Political and Social History of modern Europe, Chapt. XXXI

第十三章　俄羅斯一九一七年的革命

第一節　大戰的影響

工人運動的發展狀況

在大戰未爆發前，俄羅斯民衆不信任沙皇政府之空氣瀰漫全國，尤以工農爲甚。因爲一九〇五年革命失敗以來，雖宣布過有名無實的立憲運動，在政治上有若干的改革，然與民衆生活無關。一九〇八年以後，工人運動一天天發展，茲錄罷工統計如下，以見一班。

年代	罷工次數	罷工人數
一九〇八	八九二	一七六・〇〇〇
一九〇九	三四〇	六四・〇〇〇

一九一〇	二二二	四六・〇〇〇
一九一一	四二三	二五六・〇〇〇
一九一二	二・〇二三	七二五・〇〇〇
一九一三	二・一四〇	八六一・〇〇〇

觀上表可見一九一〇年以後工人運動發展之趨勢。一九一二年四月四日對於勒諾金鑛罷工者之虐殺，益使人心動搖，罷工怒潮蔓延全國，到處與軍警爭鬥。一九一四年七月法總統普嘉賚(Poincare)游聖彼得堡時，全市到處設防，電車火車均已停止，游行示威公開集會演講者充塞街衢，革命似已迫於眉睫。

農民騷動

對農民方面，雖頒布所謂「斯脫芮賓土地解決法」，允農民將分自農村公社(Mir)的土地爲己有，而有自由買賣的權利。然一般農民所欲分得者却非農村公社的土地，而爲地主的土地。故農民對此，亦不滿意，時有騷動。土地問題未經根本解決，農民仍處於殘酷剝削之中，其反對沙皇的心理，幷不比城市工人落後。一有機會卽活躍起來。

十月黨的不滿

工農態度旣這樣的激昂，卽保守派的十月黨亦躍躍欲試，如飽瑞歇夫普希金 Bobrishchev-Pushkin 乃十月黨之首領，當時向民衆大聲疾呼：「一九〇四年復至矣！吾十月黨與社會民主派又當一度再事聯合進行矣！」由此看來，俄羅斯革命風雲，實已籠罩全國。

大戰發生與擁護祖國

不料沙皇向德奧宣戰，革命運動反而和緩起來。當時除社會民主工黨的多數派 (Bolshevik) 反對戰爭主張「敗北」外，其他各種黨派則一致贊助戰爭。保守黨以戰爭爲實現大斯拉夫主義的手段。立憲民主黨，社會革命黨及社會民主工黨的少數派 (Monshevik) 以爲與民主的英法攜手，必能一舉而覆德。德敗則俄羅斯國以德爲援之反動勢力將受打擊，容易使沙皇進行政治的改革。贊助戰爭者旣多，革命運動便被「擁護祖國」的狂熱壓下去了。

戰爭中的糧食恐慌

開戰以後，執政的腐敗官僚之弱點完全暴露出來。前線軍隊的槍彈時憂缺乏，致勇敢善戰的隊伍，不能不自德境加利西亞（Galicia）向後撤退。前線將士橫遭失敗，遂羣集其怨毒於沙皇。後方民衆驟聞敗報，亦深不滿於腐敗的官僚。從前贊助戰爭的民氣已化歸無何有之鄉，革命風雲仍復四起。加以戰費浩大，人民負擔日增，生計日迫。參加戰爭者達一千五百萬之多，不惟國內驟失大批的生產者，而留在農村生產的農民又須努力耕種以養鉅額的兵士。戰爭延亙三年，時從後方調派農民，補充前線死亡的隊伍，生產者日少一日，據一九一六年統計，耕地比前減十分之一，一九一七年則更減於一九一六年。以此引起粮食恐慌。像這樣切膚的生活問題，考其原因，確由戰爭而起，於是怨懟戰爭者的人數遠過於一九一四年的贊助戰爭者，於是一九一七年的革命，遂以粮食問題爲導火線而爆發。

第二節　二月革命

聖彼得堡暴動勝利

一九一七年三月（俄歷二月），聖彼得堡的貧民因飢荒而掠奪麵包，全市陷於紛擾不寧的狀態。其時軍隊不服從政府命令，同情於民衆。到三月十一日，政府還企圖壓伏革命運動。命令國會停會，罷工工人復工。不料次日鐵路工人設計使沙皇的專車出軌，沙皇及其隨從不能回到首都。同時，工人又鼓動首都警戒軍隊的一部分站到民衆方面，成立「工兵蘇維埃」（Soviét Workers And Soldiers）另一方面，國會拒絕停會，要求沙皇組織自由主義的政府。但此時革命暴動完全在聖彼得堡制勝，蔓延至各地方及軍隊。國會大多數卽想維持尼古拉，然已不可能。因爲政治重心已由國會轉移到民衆。尼古拉卒於三月十五日宣布退位，而傳位於其弟密開耳大公（Grand Duke Michael）。但密開耳不敢接受，誠以在革命狂潮之下，羅曼諾夫皇室再不能維持下去（尼古拉在二月革命被監視，到次年七月十六日與其家族同在伊卡特林堡—— Ekaterinlb-urg ——地方被地方蘇維埃處死刑）。

兩重政權

在二月革命後，俄國有幾個不同的政治勢力並存，所謂「兩重政權」者是也。一個是聖彼得堡的工兵蘇維埃，一個是臨時政府。後者以立憲民主黨員黎被夫（George Lioov）爲總理，外有立憲民主黨員八人（有名的米留柯夫——Milyukov——教授爲外交部長），十月黨員三人，社會革命黨一人（卽克倫斯基——Kerensky 係工兵蘇維埃代表）。就中以米留柯夫一派勢力爲最大，故其措施，一本立憲民主黨在國會中向來之主張，繼續對德戰爭。但立憲民主黨雖主持臨時政府，却不能控制政局。而領導工兵蘇維埃之多數派（社會民主工黨）與領導各地農民蘇維埃之社會革命黨雖亦主張與憲政派攜手以鞏固臨時政府，自居監督地位，然又無以副工農之望。因爲工農要求麵包與和平，立卽結束戰爭，與臨時政府之政策相反。只有多數派首領列寧（Lenin）因臨時政府赦免政治犯而歸國，主張實行社會革命，沒收工廠，沒收土地分給全國農民，幷號召不割地不賠償，無條件對德媾和。恰與民衆要求麵包與和平之願望適合。

七月危機與哥尼洛夫叛變

前線兵士以久困戰役之故，相率逃亡，首當其衝的軍事部長因此辭職，少數派倡議組織聯立內閣。總理依舊為黎福夫，而克倫斯基則一躍而為要角。然仍不足以改善政局，未幾又發生新危機。這次新危機的本原，在不能解決工人管理工廠問題，農民土地問題，以及繼續戰爭問題。七月間，聖彼得堡有游行示威之舉，指揮籌劃者純為多數派。這次示威，雖經軍隊之鎮壓而平靜，然聯立內閣則從此瓦解。克倫斯基因緣時會自任內閣總理，手握大權，信用日益低落。總司令哥尼洛夫（Kornilov）公然叛變，舉兵進逼聖彼得堡。工兵蘇維埃派兵士工人出城抵禦，并向哥尼洛夫軍隊宣傳革命要旨。其軍隊皆自動解除武裝，哥尼洛夫被擒，亂事始平定。

第三節　十月革命

克倫斯基的失策

克倫斯基雖剷平了哥尼洛夫的叛亂，然終不能從失敗的深淵中跳出來。最大原因，在其繼續戰爭的政策，引起當時兵士之反對。有的說：『上層階級始終要我們忍痛犧牲，我們亦既犧牲了！他們衣食無缺的上層階級怎樣呢？我們現在要問爲什麽作戰？爲得君士坦丁堡嗎？爲爭俄國的自由嗎？爲民主政治嗎？抑爲資本主義向外侵略嗎？如果有人證明我們實爲革命而戰，就是拚命也願前去！』

有的說：『我們本想以革命求和平，而今之政府怎樣呢？不但不予我們以和平，并和平二字也不許說。同時又不予我們以糧餉，更不接濟軍火，簡直把我們賣給敵人，置我們於死地！』

兵士的情緒，上兩段話中可以知之。此外，土地問題延不解决，向來相信社會革命黨的農民亦大大失望，克倫斯基就無所憑依了。

多數派的宣傳

多數派自一九一七年四月後，極力運動推翻臨時政府，高喊「一切權力屬於蘇維埃」。當時全俄各地蘇維埃還在社會革命黨與少數派手中。然列寧專致力於下層羣衆的宣傳，提出三大口號：（1）土地歸農民，（2）工廠歸工人，（3）無條件對德媾和。這三大口號是民衆向克倫斯基求之不得者。於是全俄各地蘇維埃都依附多數派。列寧對土地問題尤有澈底的了解。在克倫斯基主張「未開憲法會議以前仍維持舊有土地關係」的時候，列寧於其「革命的教訓」一文中大聲疾呼：必俟開憲法會議然後解決土地問題，必俟戰爭終結然後開憲法會議，必俟完全勝利然後終結戰爭……簡直是公然愚弄農民。」所有這些宣傳，都搔着農民的癢處。

十月革命的勝利

當時社會革命黨分裂而成左右兩派，右派與立憲民主黨攜手，左派則與多數派接近。會九十月間各地農民受社會革命黨左派之指揮，重演一九〇五年燒毀地主住宅掠奪地主穀物的悲喜劇。臨時政府則派兵鎭壓，益使農民仇視。多數派與社會革命黨左派竭力要求召集全俄蘇維埃大會以爲最高執政機關。多數派又暗裏組織軍事革命委員會準備暴動推翻臨時政府。聖彼得堡的軍隊公然聲明服從蘇維埃，波羅的海艦隊兵士亦加入。十一月七日（俄曆十月廿五日）多數派調遣軍隊包圍克倫斯基所居之冬宮（Winter Palace），是時守衞冬宮者只陸軍軍校學生一隊及女子兵一隊而已。克倫斯基以召集外兵平亂爲由，喬裝汽車夫遁出聖彼得堡，其他閣員全被逮，政權移交蘇維埃軍事革命委員會。當日開全俄工農兵蘇維埃代表大會，出席者五百六十二人，屬於多數派者計三百八十二人。八日，大會選出一中央執行委員會，并組織一人民委員會（Counil of Peoplés Commissary）分掌行政事務，列寧爲委員長。人民委員會既組織成立，列甯乃向大會提議三事：（1）前線軍隊立刻停戰；（2）農村土地委員會得暫管地主之財產；（3）予工人以管理工廠之權。通過後，即由人民委員會公布。這是多數黨得政權後施政之第一聲。世界上與資本主義國家對峙的便有「蘇維埃社會主義共和國聯合」——簡稱蘇聯（Soviet union）——這個「怪物」了。

練習問題

（一）俄國一九一七年革命的背景如何？

（二）就自己的意見，說明「擁護祖國」的意義。

（三）二月革命與十月革命有什麼差異？

（四）對多數派策略之批評。

參考資料

（一）俄國革命史第四章（商務印書館）

（二）近代歐洲政治史第六章第七節（商務印書館）

（三）Lawton: Russian Revolution, 1917-1926

（四）Hayes: A Political and Social History of Modern Europe Chapt, **XXXIV**,

第十四章　世界大戰結束後的巴黎和會

第一節　對德停戰的條件

一九一八年四月，德國舊政府以形勢不佳而改組；同月五日，此新政府請求那時盛負響望的美國總統威爾遜，依其宣布的十四條（The Fourteen Points）出來主持和約；先議停戰條件，次開國際和會。所謂威爾遜的十四條，係一九一八年一月八日美總統對國會所發表，即是他認為世界和平的要件，茲錄其大要如次：（一）公開的和平條約；（二）戰時平時海上航行絕對自由；（三）撤除一切經濟的障礙；（四）裁減軍備；（五）公平的調節殖民地利益；（六）從俄國境內撤出敵軍；（七）撤去比利時境內的敵軍而使之復元；

威爾遜的十四條

（八）一切法國的土地解放，其被侵入的地方當復元，亞羅兩州亦當退還；（九）依民族界線以改正意大利的國境；（十）對於奧匈帝國治下的異民族，當給以自治的發達的機會；（十一）羅馬尼亞，塞爾維亞，門的內哥羅境內的敵軍當撤退，其被佔領的土地當復元，而對塞爾維亞當給以出海口；（十二）土耳其帝國的本部當給以保全，但其他異民族當享有生命安全及自治發展的機會，而達旦尼爾海峽當依國際保障對一切國家的商務國家開放；（十三）波蘭當建成一獨立國，而具有出海口；（十四）今後當組織一個國際聯合會，對於大小國家的政治獨立及領土保全，同樣給以相互的保障。此十四條發表後，當時會爲一般所尊重。

停戰條件

十一月五日，威爾遜幾經考慮之後，接受德國請求，通告協約各國提出停戰條件。十一月八日，協約各國將停戰條件提交德國代表，其中規定是很苛的，例如：（一）德國當即時退出所佔領的一切土地，而且拋棄亞爾沙斯羅倫兩州；（二）德國須退過萊茵河，在萊茵右岸設定中立區域；（三）德國須取消在三月中與俄國所訂和約及與羅馬尼亞所訂和約；（四）德國當交出軍械及艦隊於協約國。德國代表接得此等條件時，正值德國內部發生革命，宣布共和之際，已經沒有拒絕的餘地。於是十一月十一日，德國新政府祇得與協約各國簽定停戰條約，以度過目前的難關。至於一切改造和善後，則待之於巴黎和會。

第二節　巴黎和會的一般

巴黎和會以一九一九年一月十八日開會於法國凡爾賽宮，到協約方面三十二國的代表七十二人。但革命的俄國則被擯於和會之外。關於此

和會的特點

會，有兩特點值得注意：其一是和會(Peace Conference)二字，不足以概括此會的性質，美總統威爾遜及其他較有理想的政治家，其到會的目的，不僅在對同盟國締結和約，收束戰爭，而且企圖積極的藉此國際大會以樹立國際和平（？）的

基礎。自國際聯盟的組織以至國際交通，勞工問題等等，均爲該會的重要議題。其二是巴黎和會中議和條件的決定，不是雙方談判的性質，而是由戰勝國一方面獨斷的。協約各國不使德國及其同盟國立於平等地位，而祇在和約已經議定之後，提交她們，聽其承認或拒絕而已。

和會的組織

在組織方面，巴黎和會可分三部：第一，最高會議（Supreme Council），由英美法意日五強代表主腦組織之。每日開會兩次，每國派出代表二人，所以通常又稱爲「十人會」（Council of Ten）。關於和會議題的採列，大政方針的決定，悉縱於此會議。第二，各國委員會，通常由五強各出委員一人，其他各國共選代表五人組成之。以審議各種專門問題。例如國際聯盟委員會，討論聯盟組織方案；賠款委員會，審查協約各國損失以定德國賠償程度之類。委員會審查的問題，須經「十人會」議決，而後提出於所謂總會（Plenary Sessien），正式表決之。第三，總會在名義上可稱爲和會本體，各國代表全體出席，不過按之實際，和會一切要務，皆早經「十人會」決定，提出總會時，不過履行一種形式上的畫諾而已。自三月二十五日起，「十人會」減爲「四人會」，以英美法意四個代表團首領組成之。而自四月二十日意代表首領奧南多(Orlando)爲阜姆(Eiume)問題憤然離去巴黎以後，和會的主腦更減縮爲美總統威爾遜，法總理克列曼梭，及英總理路易喬治的三頭會議。

同床各夢的三頭會議

就三頭會議說，威爾遜與克列曼梭的政見，常立於反對的地位，威爾遜較有自由思想，他相信以寬大的條件成立和議，爲樹立和平的好方法。他並且想利用這個機會設立國際聯盟的組織，以爲鞏固和平，防止戰爭的要務。在克列曼梭方面，他在歐洲政治上飽經憂患，他所注重的是法國的實際利害問題。對於國際聯盟的和平效力，他沒有多大的信任心，而主張加德國以嚴厲的裁制，使不得再爲法國的禍害。至於英國的路易喬治，則立於此兩極端的中間，他一面贊成威爾遜的聯盟思想，同時亦願見德國受相當的處罰，使法國有防備危險的保障。每遇美法兩國首領發生衝突，便當有賴於路易喬治的調停。

威爾遜失望的原因

當一九一八年十一月十一日停戰條約簽字時，雙方曾願以威爾遜的十四條爲議和的原則。威爾遜不顧其國務委員的勸阻，親身出席巴黎和會，亦即爲實行其主張。然在後來事實，却不能不使他失望！此中障礙，約有兩點：其一是和會開會，適在巴黎的戰爭空氣中，所有决議，不免受環境的壓迫，而不能符合理想。其二是協約國相互間在戰事進行中已有種種密約的拘束，而失去其行動的自由。例如阜姆問題，山東問題，即受有此項拘束者，威爾遜雖極力聲言，各國承認十四條的原則，即當廢止一切與此原則違反的協定，但實際上誰肯聽他的話？其結果，彼此的爭執難解難分，終於不得不遷就依違以了事。

第三節　和會上的重要問題

世界大戰，牽涉至廣，有待於巴黎和會解決的問題爲數甚多，茲就其主要者，略述六項如下。

國際聯盟的創設

列强聯合支配世界的理想，發生甚早，但集其大成而促其實現者，則爲威爾遜。在威爾遜的十四條裏面，他主張將世界各國組成一個聯盟，以維持永久的和平（？），他之所以躬赴巴黎，即決計使此項國際組織及早成立，列入正式和約之內。他這種主張，得着世界列强的贊助；雖則法國代表如克利曼梭之流，對威爾遜有所不愜，究亦未嘗力持異議。於是一九一九年一月二十五日，威爾遜在巴黎和會的第二次總會動議，設立國際聯盟，即由總會決議任命一委員會起草組織案，而由威爾遜自任此委員會的主席。二月十四日，國際聯盟約草案提出大會，交由各國審議。四月二十八日，草案修正各點經威爾遜說明後，即由大會正式通過。雖則國際聯盟至一九二〇年一月始組織成功，而其基礎實確立於此日。於是宰割弱小民族的總機關便成立了。

萊茵境界的決定

國際聯盟的創設，困難較少，而萊茵境界的決定，則妥協甚難。一九一七年，法蘭西政府已與俄帝國政府結有祕密協定。雙方約定從德國奪取萊茵左岸之地，建爲中立國，而暫由法國軍隊在彼佔領；及俄國革命後，蘇維埃政府將此祕密協定公表，英國政府隨卽否認之，停戰條約簽字以後，法軍總司令福煦(Marshal Foch)，隨卽敦促克列曼梭堅執要求法國東境以萊茵爲界，因爲自多數法蘭西人視之，使萊茵左岸與德國分離，殆爲防備未來危險的唯一强國確實的保障。巴黎和會開幕，法國代表於此主張法國權利，而爲英國所極力反對。三月十四日，威爾遜與路易喬治共同擬定「聯合的軍事保障」的提案，以應付法國的要求。法國代表則主張此項保障不作爲佔領的替代，而僅爲佔領的補助。英美兩個代表與法國代表意見不能一致，甚至一時竟有決裂之象，後以克列曼梭感到孤立無援，希望甚少，始不得已而撤退其分離萊茵左岸的要求。四月二十日，威爾遜允許協約聯軍佔領萊茵左岸，以十五年爲期。同月二十二日，路易喬治贊成此議，他們並且約定：如果對於法國的安全保障在期滿後尙覺得不充分，則佔領期可以延長；如果德國未能償付她的債務，協約聯軍亦可再佔此地。

薩爾煤區的處置

在巴黎和會中，法國要求合併薩爾區域，以爲其戰時損失的補償，亦大引起列強的爭執。在各方面意見，法國在她自由的煤礦不能足用的時期內，可以享用薩爾的煤，但將薩爾全區從德國分離出去，則咸目爲過分。後來法國覺得合併無望，乃改變要求，主張將此區域設一特殊的政治組織，包括煤礦全部在內。結果由和會決定，在此區設一行政委員會，以五人組織之，其中三人由國際聯盟任命，一人由法國任命，另一人則由本地住民選出。此委員會以十五年爲期，期滿後舉行人民總投票，以決定此區域的究竟合併於法國，或繼續由委員會管理的制度，或復歸於德國，如復歸於德國時，則德國當照彼時煤礦估價償付金額於法國。

賠償問題

關於賠償問題，美國代表與英法代表意見，極不一致。威爾遜的主張，賠償限度，祇能溯及「德國在陸地，海上，空中的侵犯舉動，對於協約各國住民的生命財產所加損害的賠償」：然在英法的執政者，尤其是法國的執政者，則主張德國應償付全部的戰費，而且不肯定出一個有限度的賠償總額。最後調和的方案是：賠償項下，包括戰爭撫恤金，年金在內；在最近兩年內，德國須先交出二百萬萬金馬克；至於全部賠償的數額，以及賠款償付的計劃，則在此兩年內由協約各國另行會商解決。

阜姆問題

依照一九一五年的參戰密約，意大利經協約國承認，取得對於北達爾馬希亞(North Dalmatia)的權利。此種協定，原已違反了民族自決的精神；然而在巴黎和會中，意大利卻更以此協定的名義，要求對於阜姆行使合併，雖則在阜姆及其附近地方，意大利人實居少數，英法對此，不表同意，而威爾遜則更聲言意大利既承受了他的十四條的原則，便當拋棄一切與此原則違反的要求。隨後塞爾維亞請他出來仲裁，他主張南斯拉夫人應當取得一個有效的出海口。四月中旬以後。德國代表將行到達巴黎，意代表奧南多堅持和會須即時考慮阜姆問題，雖則此問題並不構成對德和議的一部分。在「四人會議」中，威爾遜與奧南多相持不下，幾經討論，未有結果；於是奧南多聲明，在此問題未依意大利的利益解決以前，他不再參加「四人會議」，並隨即率領意代表團回國，以示決絕。但在五月四日英法美三代表招請他們赴會，他們又於五月六日來到巴黎。在後來的會議中，意大利表示讓步，不如以前堅執，阜姆問題，一時遂成懸案。

山東問題

意大利代表憤然離去巴黎，於山東問題的解決發生不良的影響。一九一七年二三月間，日本與英法意俄四國結有祕密協定：四國允在講和會議贊助日本對於山東的權利，以為其參戰國的報償。威爾遜到巴黎後，始聞知有此項祕密協定，不肯受其拘束，而公然表同情於中國方面。日本代表，採取脅迫態度，表示如果不能貫澈其要求，他們即脫離和會。美國代表團認日本此種態度不過是虛聲恫嚇，並欲全體辭職，以示抗議；但威爾遜則深恐意大利及日本對於和約不簽字，則構成和約一部分的國際聯盟的運命將陷於危險，遂不惜出賣中國的利益。結果，和會決定將德國在山東的一切權利，概行讓渡於日本；中國代表則因國內民衆的反對，在和約上拒絕簽字，這是各帝國主義者的代表所不及料的。

第四節　和會產生的重要條約

巴黎和會開會，先後一年有餘，共成和約五起，以爲此次大戰的結束，其內容。略述如左。

對德和約

對德和約以一九一九年六月二十八日簽訂於法國凡爾賽宮，亦稱凡爾賽和約。依照此約規定，德國在西方割讓亞爾沙斯羅倫二州與法國，而割讓普魯士國境上幾個小區域與比國，薩爾區域以十五年爲期交由國際共管；盧森堡退出德國關稅同盟。在北方，則北部什列斯威及中部什列斯威的究竟屬於德國，抑或屬於丹麥，當取決於住民的總投票。至在東方，德國領土犧牲最大：

波森（Posen）及西普魯士兩省的大部分，割讓於波蘭；上西利西亞（Upper Silesia）當舉行住民總投票；但澤（Dantzig）當於國際聯盟保障之下建爲自由市，圈入波蘭的關稅區域內。德國在海外的殖民地，概行拋棄。德國陸軍，當減成十萬人；參謀本部卽當取消；軍用飛艇不許保留；軍器種類立有限制；萊茵東岸三十哩內，作爲解除軍備區域。海軍艦隊大加限制，潛水艇絕對不許建造。關於賠款總數，當一九二一年五月一日以前由協約各國會議決定，通知德政府；但截至那天爲止，德國須先交出金馬克二百萬萬。所有一千六百噸以上的商船，德國須全數交出，至八百噸至一千六百噸者則交出其半數。基爾運河（Kiel Canal）對一切國家的軍艦商船開放。爲保障和約的執行起見，由協約聯軍佔據萊茵左岸，以十五年爲期。

對奧和約

對奧和約以一九一九年九月十日簽訂於巴黎郊外的聖日爾曼（St, Cermain），亦稱聖日爾曼和約。依照此約規定，奧匈帝國完全分裂。

捷克斯拉夫，南斯拉夫，匈牙利，波蘭，均離奧而獨立，特倫替洛(Trentino)，南替羅爾 (South Tyrol)，的利雅斯特 (Trieste)，伊斯特利亞 (Istria) 則割讓於意大利。陸軍減三萬人，海空軍完全廢止。所有商船概行交出，非經國際聯盟行政會的許可，奧國不得與德合併。

對土和約

對土和約條件最苛，其所遇阻力亦最大。依此和約，土耳其不僅喪失邊疆，即腹地亦不完整。君士但丁堡僅在名義上保留於土皇，達旦尼爾及博斯破普斯兩海峽化為國際共管。土耳其在歐洲的領土大都給予希臘，亞洲領土則分配於英法意希各國。土在當時，等於滅亡。但以凱末爾 (Kemal) 將軍等努力反抗，此項和約始終不發生効力。卒於一九二三年七月十四日另訂一平等條約於瑞士的洛桑 (Lausanne)。

和會的意義

以上是巴黎和會的結果，也是第一次世界大戰的結果。老實說，就是各帝國主義經過四年的血戰，把許多下層民衆送到前線當炮灰，打到兩敗俱傷的時候，借開和平會議的美名，重新分割世界。德奧便是被處分的戒首，用凡爾賽和約聖日爾曼和約爲鎖練，使兩國民衆到現在還不能動彈，巴黎和會的意義就是這麼一回事。

新矛盾的展開

然而舊的世界矛盾雖說告一暫時的解決，而新的矛盾却又向另一方面展開。英美法日意諸强國在高奏凱歌之後，彼此間的衝突一天天的厲害起來。蘇聯以政治經濟原則不同，更是她們共同的死敵，在和會以後，對蘇聯演了不少的把戲（如武裝干涉，經濟封鎖等）。在這樣嚴重對立的世界中，最近又非再演一齣「全武行」不可。到了現階段，重新分割世界已列在「議事日程」之上了。

練習問題

（一）對威爾遜十四條的批評。

(二)巴黎和會與維也納會議的比較如何?

(三)巴黎和會內部有那些矛盾?

(四)試述巴黎和會的意義及其結果。

參考資料

(一)歐洲近百年革命運動史第五章十節至十三節(亞東圖書館)

(二)Hayes. A Political and Social History of Modern Europe Chapt, XXXIII

(三)A, J, Toynbee: The World after The Peace Conference

近代世界政治史

著者 錢亦石
發行人 徐伯昕
發行者 生活書店
重慶 上海

中華民國三十五年二月初版